a tradução vivida

paulo rónai

a tradução vivida

5ª edição

JOSÉ OLYMPIO
E D I T O R A
Rio de Janeiro, 2024

© herdeiros Paulo Rónai

Reservam-se OS DIREITOS desta edição à
EDITORA JOSÉ OLYMPIO LTDA.
RUA ARGENTINA, 171 – 2º andar – São Cristóvão
20921-380 – RIO de Janeiro, RJ – República Federativa do Brasil
TEL.: (21) 2585-2060
Printed in Brazil / Impresso no Brasil

Atendimento direto ao leitor:
sac@record.com.br

ISBN 978-85-03-01106-8

Capa: VICTOR BURTON
Foto: ARQUIVO DE FAMÍLIA

Texto revisado segundo o Novo Acordo Ortográfico da Língua
Portuguesa.

CIP-BRASIL. CATALOGAÇÃO-NA-FONTE
SINDICATO NACIONAL DOS EDITORES DE LIVROS, RJ

	Rónai, Paulo, 1907-1992
R675t	A tradução vivida / Paulo Rónai. – 5.ed. – Rio de Janeiro:
5.ed.	José Olympio, 2024.
	21cm
	Inclui bibliografia
	ISBN 978-85-03-01106-8
	1. Tradução e interpretação. I. Título.

CDD: 418.02
12-1886   CDU: 81'25

Aos meus queridos amigos
Dinah Silveira de Queiroz
e
Dário Castro Alves

NOTA DO AUTOR

O PRESENTE VOLUME nasceu de uma série de conferências sobre tradução, proferidas nas Alianças Francesas do Rio de Janeiro, São Paulo e Porto Alegre em 1975 a convite do professor Jean Rose, delegado-geral da Aliança Francesa no Brasil, a quem agradeço cordialmente pelo precioso estímulo.

Paulo Rónai

SUMÁRIO

O brasileiro Paulo Rónai (Aurélio Buarque de Holanda Ferreira)   13

1. DEFINIÇÕES DA TRADUÇÃO E DO TRADUTOR   19

Tradução interlingual, intralingual, sociolinguística
e intersemiótica. Indecisão do sentido das palavras,
importância do contexto. Tradução literal ou livre.
Tentativas de definir o que é tradução. Quem e como
se torna tradutor. Requisitos do tradutor ideal: conhecimento da língua-alvo e da língua-fonte, bom-senso,
cultura geral, capacidade de documentação. Frustrações
e compensações do tradutor. Palpites para o aprendizado
do ofício. Bibliografia mínima.

2. AS ARMADILHAS DA TRADUÇÃO   41

A fé na existência autônoma das palavras. Ilusões do
instinto etimológico. Perigos da polissemia. Emboscadas
dos "falsos amigos". Armadilhas do poliglotismo. Ciladas dos homônimos. Intraduzibilidade dos trocadilhos?
A desatenção, outro perigo. O que são os parônimos? A
sinonímia, questão de estilo. Holófrases e características
nacionais. Incongruência das noções designadas pela mesma palavra. Dessemelhança das conotações. O problema
dos nomes próprios: antropônimos, nomes simbólicos,
hipocorísticos, adjetivos pátrios e topônimos. Metáforas
vivas e congeladas; sua tradução, adaptação e condensação.

3. OS LIMITES DA TRADUÇÃO   71

Os meios complementares da linguagem: recursos outros que não a palavra. Utilização diferente dos sinais de pontuação. Os pontos de exclamação e de interrogação. Papéis desempenhados pelo travessão. Expressividade das aspas. Citações disfarçadas. Maiúsculas e minúsculas ideológicas. Pontuação individual. Reticências. Significado dos tipos de letras. Escolha de um alfabeto de preferência a outro. Valor conceptual da ordem das palavras. Quando se traduz o não dito e se omite o dito. Mensagem em palavras não nocionais: artigos, pronomes, numerais, conectivos. Questões de tratamento: axiônimos, verbos de cortesia. Palavras estrangeiras.

4. USOS E ABUSOS DA TRADUÇÃO   107

Apogeu e decadência da tradução entre nós. Influência prejudicial do *best-seller*. Remuneração inadequada e pressa. Escolha do original. Recurso a um texto intermediário, ou tradução de tradução. Tradução a quatro mãos. Traduções através do português de Portugal. Tradução e adaptação. Alterações e correções do original. Vantagens e desvantagens do copidesque. A tradução dos títulos, ou como verter textos sem contexto.

5. AS FALÁCIAS DA TRADUÇÃO   133

Utilidade relativa dos tratados. Duas tentativas de sistematização. As perguntas que o tradutor deve formular. A tradução preconizada por João Guimarães Rosa. O *Hamlet*, de Tristão da Cunha. Por que cada século volta a traduzir as obras clássicas? A tradução como reflexo da sensibilidade e das ideias de uma época. Onze traduções de três versos de Virgílio comparadas com o original. Em que consiste afinal a fidelidade da tradução? O que diria Thomas Diafoirus a Bélines se fosse brasileiro.

6. O DESAFIO DA TRADUÇÃO POÉTICA   155

Deve-se traduzir poesia em verso ou em prosa? Diversas abordagens do problema. O que se perde na tradução, exemplificado num rubai de Fitzgerald, em "Repouso" de Henriqueta Lisboa, em "Roma" de Cecília Meireles, em "Poema de sete faces" de Carlos Drummond de Andrade, e numas quadras de Fernando Pessoa. Dois extremos: o Puchkin de Nabokov e o Horácio de Ezra Pound. O problema das rimas estudado nas cento e tantas traduções do soneto de Arvers. O laboratório de Ladislas Gara e seus produtos.

7. SALDOS DE BALANÇO   189

Minhas reminiscências de tradutor. Começo traduzindo odes de Horácio numa atmosfera saturada de influência latina. Mecanismo íntimo da tradução poética. Torno-me tradutor de letras húngaras em francês. Diferenças intrínsecas entre tradução e versão. Curiosidades da língua húngara. Experiências de tradutor comercial e técnico. Como descobri a poesia brasileira. Dificuldade de aprender português na Hungria da década de 1930. No Rio de Janeiro, encontro providencial com Aurélio Buarque de Holanda Ferreira. O que foi a versão de *Mar de histórias*. Tradução a quatro mãos e mais. A versão para o francês das *Memórias de um sargento de milícias*. O que fiz para difundir a literatura húngara no Brasil. Outras traduções minhas. Estudos sobre teoria e técnica da tradução e trabalhos conexos:

8. A OPERAÇÃO BALZAC   213

Uma experiência de editoração: *A comédia humana*, de Balzac. Concepção e extensão dessa obra. A interdependência das partes e a volta das personagens. Um afresco da França do século XIX e uma suma da civilização ocidental. Como nasceu a ideia de traduzi-la em português. Minha parte no empreendimento. Problemas de editoração: escolha do original, unificação das traduções, restabelecimento da divisão em capítulos. Para que estudos introdutórios e notas de pé de página? Harmonização dos ensaios críticos com o texto. Dificuldades específicas da tradução: provérbios e anexins deformados, trocadilhos, anagramas, linguagens especiais. Lapsos e falhas. Fortuna da edição.

Índice de assuntos, nomes e títulos citados   239

O BRASILEIRO PAULO RÓNAI

DE TAL MANEIRA é notável, em Paulo Rónai, a qualidade de brasileiro, que agora me assalta uma dúvida: será original o título deste prefácio? Porém, mal acabo de lançar no papel esse período, lembro-me de correr a vista pela extraordinária "Pequena palavra", de João Guimarães Rosa, prefacial à *Antologia do conto húngaro*, e logo na segunda linha encontro: "Seu autor — o brasileiro Paulo Rónai — é húngaro, de nascimento e de primeira nação."

Mantenho o título, contudo, a despeito da falta de originalidade. Sejamos verdadeiros — até pleonasticamente verdadeiros — antes que mediocremente originais. Na capa do *Como aprendi o português, e outras aventuras*, vemos Magalhães Júnior, Joel Pontes, Wilson Martins, a confirmarem essa brasilidade ronaiana. Do último dos três são estas palavras: "O sr. Paulo Rónai, intelectual húngaro, escolheu, simultaneamente, a liberdade e o Brasil. Eu, de minha parte, se me fosse dado escolher um compatriota, teria escolhido o sr. Paulo Rónai."

Dirão que estou citando muito. Contravirei: é pouco, a levarmos em conta a abundância do que se tem escrito do

meu apresentado; e cederei ao desejo de ainda transcrever
o que daquela obra escreveu Carlos Drummond:

> O português, como o aprendi,
> Paulo Rónai conta, fagueiro.
> Outra façanha dele eu vi:
> aprendeu a ser brasileiro.

E aprendeu bem depressa. Chegado ao Brasil em 1941,
não tardou muito que passasse a lecionar — o latim e o francês, sobretudo — em colégios particulares, contatando com
alunos e professores, e com o povo em geral. O contato
com o povo começava bem cedo, nos bondes, sobretudo
os que levavam ao Méier, muito matinalmente. Bondes
superlotados, por vezes; e não raro devia Rónai viajar em
pé, no estribo. Por sinal que, certo dia, vinha no estribo do
veículo, junto ao mestre, um passageiro alagoano, de verbo
solto. Pôs-se o meu conterrâneo a conversar com o homem
que viera da Europa — e não tardou que o senso de humor,
tão hungaramente vivo, de Paulo Rónai, se regalasse com
esta preciosa informação:

> Está vendo aquele homem com quem eu falei? Pois é ala-
> goano, como eu. Eu sou alagoano, meu amigo. E tenho
> muitos conhecidos alagoanos. A bem-dizer, todo o mundo
> aqui é de Alagoas.

Mas eu iria longe se fosse falar da biografia de Paulo
Rónai, brasileiro que já o era bem antes de se naturalizar,

em 1945. Mais longe iria eu se pretendesse esmiuçar-lhe a bibliografia: muitas dezenas de títulos e maior número de volumes. Sim, dezenas e dezenas, entre livros propriamente seus e livros que traduziu ou cotraduziu, e livros — é o caso, por exemplo, dos 17 volumes de *A comédia humana*, de Balzac — que prefaciou e enriqueceu com anotações.[*]

Livros dos mais desvairados gêneros. Porque a ninguém melhor que Paulo Rónai — "reto, discreto, sábio", como lhe chamei, dedicando-lhe o *Território lírico* — cabe a designação de "homem de sete instrumentos": professor, tradutor (sabe umas dez línguas, sem contar as universais), editor literário, antologista, autor didático (boa porção de obras de francês e latim), crítico, ensaísta, conferencista (que já tem andado pelo Brasil e pelo estrangeiro) e — já o sabiam? — romancista (*Le mystère du carnet gris*) e teatrólogo (*A princesinha dengosa*, peça infantil).

Homem dos sete instrumentos... Cumpre, aliás, no seu caso mais do que noutros, não tomar ao pé da letra a locução — nem quanto ao número, nem quanto aos instrumentos. Pois o número não se contém no limite dos sete da frase feita nem à palavra *instrumentos* se pode associar nenhuma ideia de música. Não deixemos o campo da metáfora; porque o homem, senhores, é antimelômano. Música, lá isso é com uma das filhas, Laura, flautista, tendo a outra, Córa, cambiado o violino, em que não chegou a sentir-se plenamente realizada, pelo jornalismo, sobretudo literário, em que vem pintando bem. Nem esqueçamos Nora, a mulher de Rónai,

---

[*]Mais de 12 mil.

cuja vocação musical o destino veio a torcer, fazendo-a arquiteta e professora. Talento, nessa gente, é mal de família.

Nas salas de aula ou de conferência, pelos jornais ou revistas, no trato íntimo, exerce Paulo Rónai um magistério sereno, sem ênfase. Tem a arte de ser profundo parecendo apenas deslizar sobre os assuntos. É sutil sem afetação; eu o diria distraidamente arguto. Um clarificador, por excelência; um iluminador.

É o que se notará nas páginas de *A tradução vivida*. Nos oito capítulos deste volume — que nasceram conferências — não é apenas do poliglota que o leitor terá ocasião de aproximar-se ou reaproximar-se. É também do humanista de largas fronteiras; do homem de perfeita formação universitária europeia; do conhecedor seguro e certo de literatura; e da inteligência viva, vigilante, sempre a observar, a descobrir e apontar caminhos, a estabelecer ou sugerir soluções, a descer, não raro, ao leitor, primeiramente, para depois, aos poucos, levá-lo até si.

Principia definindo a tradução e o tradutor. Fala das traduções interlingual, sociolinguística e intersemiótica, e dos requisitos do tradutor ideal. Com que finura trata dos "falsos amigos"! Ventila o problema da tradução do trocadilho, e lembra, citando-se, que "esse jogo do espírito, tantas vezes julgado inferior, desempenha na literatura papel muito mais importante do que se pensa e aparece tanto em Platão como nos trágicos gregos, nas Escrituras como nos clássicos latinos, nos moralistas e filósofos mais severos". Não esquece a "linguagem silenciosa", o emprego dos sinais diacríticos e da pontuação, o uso de iniciais maiúsculas ou minúsculas, que "não raras vezes obedece a intenções que o tradutor deve saber despistar", e a frequência das maiúsculas na pena dos simbolistas.

Quanta coisa inteligente e culta sobre a quadra de Goethe maltraduzida — maltraduzida porque dois dos tradutores dela "verteram escrupulosamente as palavras constantes do texto", sem lhes ocorrer que "o sentido de um enunciado não é a simples soma dos vocábulos que o compõem"!

Anda-se livro em fora, e aprendem-se as "vantagens e desvantagens do copidesque", e novidades acerca da tradução dos títulos, ou de "como verter textos sem contextos". Que a tradução indireta pode valer mais que a direta, Rónai o diz com referência à versão do *Fausto* feita pelo velho Castilho, ignorante do alemão. Não lhe escapa a necessidade, ou a inconveniência, de notas do tradutor explicativas de certos passos do original; nem a oportunidade da tradução infiel do título duma obra, como no caso de *Vers l'armée de métier*, do general De Gaulle, que em português veio a dar... *e a França teria vencido*.

Erudição e sagacidade crítica se reúnem, por exemplo, no escólio acerca das traduções — em inglês, francês, italiano, espanhol, alemão, português — duns versos do livro IV da *Eneida*. Que feliz se mostra ele ao tratar da versão de uma frase do *O doente imaginário*, de Molière, interrompida por pontos de reticência, Rónai, adivinhando o que está implícito nos pontinhos, propõe uma tradução muito plausível daquilo que Molière deixou no tinteiro.

Para que prosseguir na exposição da excelência da obra? Tudo quanto Rónai pensa e diz é — além de substancialmente importante — de uma textura tão sólida, tão bem-concatenada, em sua pura simplicidade, que não é fácil compendiá-lo. Cumpre lê-lo na íntegra.

Agrada-me particularmente encontrar, no sexto capítulo, "O desafio da tradução poética", um completo, seguríssimo exegeta de poesia. Toca-me, de modo muito especial, a análise de original e tradução do "Repouso", de Henriqueta Lisboa, belíssimo poema cujos segredos e sutilezas Rónai viu de todos os ângulos, visitou sem perder o mínimo traço, aprofundou e iluminou com espantosa mestria.

Mestria larga e variada. Mestria em literatura, em línguas, em tudo que ficou dito — e na arte da amizade. O mestre perfeito, "reto, discreto, sábio", é também, de quebra, amigo perfeitíssimo. Custa-me escrever a seu respeito. Quase 35 anos de amizade — plenos, inteiros, sem lacunas ou fissuras. Não sei, dele tratando — do homem ou do escritor —, senão louvá-lo. Mas firmemente creio que com isto não lhe faço favor. Grande brasileiro, o brasileiro Paulo Rónai.

Rio de Janeiro, novembro de 1975

Aurélio Buarque de Holanda Ferreira

1. DEFINIÇÕES DA TRADUÇÃO E DO TRADUTOR

Tradução interlingual, intralingual, sociolinguística e intersemiótica. Indecisão do sentido das palavras, importância do contexto. Tradução literal ou livre. Tentativas de definir o que é tradução. Quem e como se torna tradutor. Requisitos do tradutor ideal: conhecimento da língua-alvo e da língua-fonte, bom-senso, cultura geral, capacidade de documentação. Frustrações e compensações do tradutor. Palpites para o aprendizado do ofício. Bibliografia mínima.

A TRADUÇÃO DE que este livro trata é a *interlingual*, isto é, a reformulação de uma mensagem num idioma diferente daquele em que foi concebida. Quer dizer que dele está excluída qualquer outra operação intelectual a que o termo *tradução* se possa aplicar em sentido figurado.

Ao vazarmos em palavras um conteúdo que em nosso pensamento existia apenas em estado de nebulosa, fenômeno constante em todos os momentos conscientes da vida, estamos também traduzindo, mas praticamos a tradução *intralingual*, operação esta que tem as suas próprias dificuldades e cujo resultado muitas vezes nos deixa insatisfeitos.

Além disto, estamos traduzindo também quando, através das fórmulas usadas por nosso interlocutor em obediência a convenções sociais, tentamos descobrir o seu pensamento verdadeiro. Valendo-nos de nossa experiência de todos os dias, praticamos a tradução *sociolinguística* ao interpretar por "não" a frase tão brasileira "Está difícil", quando a recebemos numa repartição qualquer em resposta a uma pretensão nossa.

Pode-se falar, enfim, de tradução *intersemiótica*, aquela a que nos entregamos ao procurarmos interpretar o significado de uma expressão fisionômica, um gesto, um ato simbólico, mesmo desacompanhados de palavras. É em virtude dessa tradução que uma pessoa se ofende quando outra não lhe aperta a mão estendida ou se sente à vontade quando lhe indicam uma cadeira ou lhe oferecem um cafezinho.

Excluídas estas três últimas formas de tradução, voltamos à propriamente dita, a que chamamos de interlingual. É ainda um campo vasto demais para ser examinado em sua totalidade; assim estas considerações visam sobretudo à tradução literária, acenando apenas acessoriamente às variantes científica, técnica, comercial, cinematográfica etc.

A maioria das pessoas, quando pensa em tradução, faz ideia de uma atividade puramente mecânica em que um indivíduo conhecedor de duas línguas vai substituindo, uma por uma, as palavras de uma frase na língua A por seus equivalentes na língua B.

Na realidade as coisas se passam de maneira diferente. As palavras não possuem sentido isoladamente, mas dentro de um contexto, e por estarem dentro desse contexto. É frequente ver citados em obras de linguística casos de ambiguidade curiosos como estas três orações: a) *She made Harry a good wife*; b) *She made Harry a good husband*; c) *She made Harry a good cake* ["Ela a) foi uma boa mulher para H.; b) fez de H. um bom marido; c) fez um bom bolo para H."]. Na verdade, quase todos os vocábulos estão sujeitos a ambiguidades semelhantes. Ao ouvirmos apenas a cadeia sonora formada pelos sons que compõem a nossa palavra "ponto" — de que mestre Aurélio consigna, em seu *Novo dicionário*, nada menos de 44 acepções principais —, não sabemos se se trata do pedaço de linha que fica entre dois furos de agulha ao coser; ou da interseção de duas linhas; ou de parte da matéria ensinada; ou de sinal de pontuação; ou de parada de ônibus; ou de livro de presença; ou de empregado de teatro que sopra aos atores etc.[1]

Ela só adquire sentido graças às demais palavras que lhe são associadas em enunciados como "costurar um rasgão com alguns pontos"; "traçar uma linha entre dois pontos"; "estudar um ponto", "esperar o ônibus no ponto"; "assinar o ponto"; "precisar de ponto para recitar um papel". Só pela sua experiência do português, em particular dos contextos em que a palavra *ponto* pode figurar, o tradutor conseguirá decifrar qualquer desses enunciados, para depois, em virtude

---

[1]Esta multiplicidade de sentidos do vocábulo é, aliás, explorada de maneira divertida por Luís Fernando Veríssimo em sua crônica "Pontos", incluída no volume *O popular*.

do seu conhecimento de outra língua, formular enunciados equivalentes nesta última.

O que acabamos de dizer a respeito das palavras vale também em relação a frases inteiras. Em alemão *Er hat es zum Minister gebracht* quer dizer "Ele chegou a ministro" ou "Ele levou o assunto ao ministro"? A dúvida só se esclarece dentro de um contexto maior.

Entendido assim, o papel do tradutor torna-se singularmente mais importante; perde o que tinha de mecânico e se transforma numa atividade seletiva e reflexiva.

Candidatos a tradutor costumam perguntar a quem os contrata se devem fazer tradução literal, *mot à mot*, ou tradução livre. Na verdade não existe tradução literal. Uma frase latina tão simples como *Puer ridet* deve ser traduzida em três palavras por "O menino ri" ou "Um menino ri", embora nenhum dicionário do mundo dê como equivalente de *puer* "o menino" ou "um menino". A *Je vous en prie* corresponde em português "por favor"; a *so long* e a *arrivederci*, "até logo"; a *Ministère des Affaires Etrangères*, "Ministério das Relações Exteriores". Ora, ninguém pode qualificar essas traduções de livres, já que representam as únicas versões possíveis, exatas e fiéis das fórmulas originais. Daí resulta que a noção de fidelidade implica talvez menos aderência às palavras da língua-fonte do que obediência aos usos e às estruturas da língua-alvo.

Esses exemplos singelos mostram, em sua diversidade, por que é difícil elaborar um código ou um manual da tradução. As aplicações possíveis de qualquer palavra são inúmeras e imprevisíveis; o fluir contínuo da língua passa por ondas sempre novas. De mais a mais, o profissional que traduz um texto em português para o inglês não tem de enfrentar problemas iguais aos do colega que o verte para o francês. O ensino da tradução só pode partir de exemplos concretos e deve ter em vista, sobretudo, flexibilizar a mente do tradutor e mantê-la em estado de alerta para que saiba lembrar precedentes ou, se for o caso, inventar novas soluções.

Essa problemática se complica ainda mais quando o texto a traduzir é de caráter literário. Aí o tradutor deve utilizar os seus conhecimentos de técnico para conseguir efeitos de arte e provocar emoções estéticas. Em que medida pode essa atividade ser considerada arte? Quais as qualidades especiais que requer? Qual é a consideração que merece?

Ao definirem "tradução", os dicionários escamoteiam prudentemente esse aspecto e limitam-se a dizer que "traduzir é passar para outra língua". (*"Übersetzung: die Übertragung eines Textes aus einer Sprache in eine andere."* Der Kleine Brockhaus, 1962.) Mas o que a atividade do tradutor literário apresenta de ambíguo e de quimérico tem levado muita gente a tentar defini-la pelo menos sob forma de comparação. Autores espantados com as deformações de sua obra em versão estrangeira; leitores que assinalam com um risinho sarcástico as cincadas e os contrassensos em livros traduzidos; os próprios tradutores, sobretudo, desesperados com os impasses de seu ofício, têm recorrido a símiles muitas vezes pitorescas e surpreendentes, as quais reuni uma pequena coleção no decorrer dos anos.

A comparação mais óbvia é fornecida pela etimologia: em latim, *traducere* é levar alguém pela mão para o outro lado, para outro lugar. O sujeito deste verbo é o tradutor, o objeto direto, o autor do original a quem o tradutor introduz num ambiente novo; como diz Jules Legras, "traduzir consiste em conduzir determinado texto para o domínio de outra língua que não aquela em que está escrito". Mas a imagem pode ser entendida também de outra maneira, considerando-se que é ao leitor que o tradutor pega pela mão para levá-lo para outro meio linguístico que não o seu.

Conforme adotemos uma ou outra dessas maneiras de ver, a tradução deverá corresponder a exigências diversas. Conduzir uma obra estrangeira para outro ambiente linguístico significa querer adaptá-la ao máximo aos costumes do novo meio, retirar-lhe as características exóticas, fazer esquecer que reflete uma realidade longínqua, essencialmente diversa. Conduzir o leitor para o país da obra que lê significa, ao contrário, manter cuidadosamente o que essa tem de estranho, de genuíno, e acentuar a cada instante a sua origem alienígena. Assim as duas interpretações da palavra tradução abrangem até as duas variantes extremas a que ela pode ser aplicada: a tradução naturalizadora, de que seria exemplo a versão portuguesa de *Don Quijote* por Aquilino Ribeiro, e a tradução identificadora, exemplificada pelas traduções de Virgílio por Odorico Mendes ou, mais recentemente, pela versão francesa da *Eneida* por Pierre Klossowski.

Procurando vender o seu peixe, os tradutores de todos os tempos têm encarecido a utilidade de sua ação, mostrando os grandes benefícios dela resultantes.

Lê-se no prefácio da Versão Autorizada da Bíblia (de 1611), que tão grande importância exerceu na evolução da língua inglesa:

> É a tradução que abre a janela para deixar entrar a luz; que quebra a casca para podermos comer a amêndoa; que puxa a cortina de lado para podermos olhar para dentro do lugar mais sagrado; que remove a tampa do poço para podermos chegar à água.

Porém, já no mesmo século, Dryden, tradutor ilustre da *Eneida* de Virgílio, queixou-se da maneira desdenhosa por que ele e seus colegas eram tratados.

> Pois somos escravos e trabalhamos na lavoura de outrem; lavramos a vinha, mas o vinho pertence ao proprietário; se às vezes o solo é maninho, podemos estar certos de sermos castigados; se é fértil e o nosso trabalho dá resultado, não nos agradecem, pois o leitor arrogante dirá: O pobre escravo cumpriu o seu dever

— e para caracterizar as dificuldades da profissão dizia que "traduzir era como dançar na corda bamba de pés acorrentados".

André Gide, tradutor ele mesmo, comparou a profissão à de um picador que pretendesse levar o próprio cavalo a executar movimentos que não lhe fossem naturais.

Irreverente, Goethe assimilou os tradutores a "alco-viteiros que nos elogiam uma beldade meio velada como altamente digna de amor e que excitam em nós uma curio-sidade irresistível para conhecermos o original", pilhéria que só não deve ofender os tradutores por ter sido o próprio Goethe um deles, e porque, embora não lhes reconhecesse outro mérito, lhes fazia justiça ao admitir que despertam o desejo de se ler a obra original.

Frequentemente o original foi comparado à alma e a sua versão ao corpo; a não ser que ele fosse identificado com o corpo e a versão com o traje.

Para Cervantes, a tradução seria o avesso de uma tape-çaria. Ao nosso contemporâneo Helmut Braem, por sua vez, ela aparece como uma nova tapeçaria tecida de acordo com um modelo dado.

Mais de uma vez o tradutor tem sido comparado a artistas: ao cantor que canta uma canção escrita por outro, ao músico que num instrumento toca uma música escrita para outro instrumento (mme. de Staël), ou que decifra e "reescreve" toda a partitura; ao maestro que rege composições alheias; ao escultor que tem de executar noutro material qualquer a cópia de uma estátua de mármore (Werner Winter); ao pintor que copia em óleo um pastel; ao ilustrador de um livro; ao ator que encarna os mais diversos papéis (Juliusz Zulawski); ao fotógrafo que de um quadro de museu tira uma foto colorida (Ernesto Sábato), ou bate uma chapa de uma estátua (Michael Reck) e, fazendo entrever a dificuldade de sua tarefa, a um artista plástico que tivesse de transmudar uma música em quadro ou em estátua (Maurice Baring).

Heine, galhofeiro, achou que traduzir poesia era empalhar os raios do Sol. (E fazer poesia não é a mesma coisa? — pergunta Renato Poggioli, que pesou e comentou muitas dessas comparações.)[2]

Chegados a um impasse depois de outro, quantos profissionais não se compararam a Sísifo ou a Tântalo, duas personagens da mitologia, que encarnam o desejo impotente? Usando outra imagem da mitologia, dizia o padre Olivet que um hábil tradutor devia ser um Proteu de forma mutável. E André Mirabel considerava o papel em que se escrevia a tradução como um leito de Procusto. (Independentemente dele, o nosso Guimarães Rosa chamava "procustos" na correspondência com seu tradutor alemão, Curt Meyer-Clason, os trechos particularmente difíceis de verter para outra língua.)

Outro tradutor moderno, Yehuda Amichai, achou que ler poesia em tradução era beijar uma mulher através de um véu.

Leio num recente artigo de jornal italiano que a tradução é como um filtro colocado entre o autor e o leitor.

Dizia John Lehmann que falar em tradução era como conversar sobre o vidro de um quadro, quando o que devia monopolizar a nossa atenção era evidentemente a pintura.

Houve também quem assemelhasse o ato de traduzir ao transvasar um líquido de uma garrafa esférica noutra, de forma cilíndrica (Tatiana Fotitch), ao que sir John

---

[2]Renato Poggioli. "The Added Artificier", in *On Translation*, organizado por Reuben A. Brower, Nova York, Oxford University Press, 1966.

Denham, em 1656, com séculos de antecipação, respondera que a poesia era um líquido tão fino que, transvasado de um idioma para outro, se evaporava todinho.

Kenneth Rexroth considera o tradutor um bom advogado ao serviço do autor, antes que o bastante procurador deste; Meyer-Clason chama-lhe um advogado de dois clientes, um corretor de câmbio na bolsa de dois idiomas — bem mais generosos do que mme. de La Fayette, que encarava o mau tradutor (ainda bem que só o mau!) como um criado bronco que repetia às avessas uma mensagem importante que lhe fora confiada, ou Lope de Vega, que assemelhava o tradutor *tout court* a um contrabandista de cavalos.

Em oposição aos que o consideram a mera sombra do autor ou um escravo obediente a seu serviço, há quem veja nele um autor frustrado.

Foi dito, ainda, que o tradutor é um plagiário que pratica a única forma legítima do plágio, ou um artista tímido que só consegue vencer as suas inibições em *tête-à-tête* com outro artista. O já citado Renato Poggioli define-o, por seu turno, como personagem em busca de um autor com que possa identificar-se. Ou, mais poeticamente, como uma vasilha viva saturada de um fluido que derrama no recipiente mais apropriado, embora não feito por ela nem de sua propriedade.

Visto o que seu empreendimento tem de quimérico, o tradutor foi ainda assimilado ao alquimista, aquele que sonha com a transmudação dos metais em ouro e acaba reduzindo o ouro a barro; mas não, objetam outros, aquele que transforma um pedaço de ouro noutro pedaço de ouro.

Corre assim, através dos séculos, um diálogo incessante entre os que atacam o tradutor e os que lhe tomam a defesa. Nas *Cartas persas* de Montesquieu, uma personagem, ao vir a saber que outra se ocupa de tradução há vinte anos, lança-lhe no rosto: "Como, cavalheiro? Então há vinte anos que o senhor não pensa?" E acrescenta: "Se viver traduzindo sempre, não o traduzirão nunca." D'Alembert, porém, tem opinião oposta: "Se quiserdes ser traduzido um dia, começai vós mesmo por traduzir."

O surrado trocadilho italiano *traduttori-traditori* deixou a pecha da infidelidade aos cultores do ofício. Poderia consolar-nos o fato de ser impossível traduzir esse anexim em qualquer outra língua; mas, infelizmente, tem tanta graça que todo o mundo o aprende, ainda que não saiba italiano. Ele é confirmado pelo chiste, de atribuição incerta, de que as traduções são como as mulheres: quando fiéis, não são bonitas; e quando bonitas, não são fiéis. De todas as comparações são essas duas as que mais pegaram, e é lembrando-se delas que o tradutor, esse modesto artista, "o único que se comporta como se fosse artesão", procura justificar-se, em prefácios, esclarecimentos, advertências, notas, réplicas e posfácios, tentando a apologia, encarecendo a utilidade do próprio serviço, pedindo a compreensão e a paciência do leitor; e às vezes, consciente de sua culpa, implorando o perdão do autor que vertera, como Nabokov o de Puchkin, depois de lhe ter traduzido para o inglês o romance em versos *Ievgueni Onieguin*:

> O que é uma tradução? Numa travessa
> A cabeça do poeta, pálida, de olhar fixo.

Comparaison n'est pas raison, dizem os franceses, e realmente é difícil reduzir tantas imagens a um denominador comum. Mas todas essas analogias deixam entrever a complexidade intrínseca da atividade tradutora, de que tentaremos apresentar alguns problemas.

Examinemos primeiro a personagem que se atreve a empreender semelhante tarefa. Em princípio, seria de supor que as editoras escolhessem indivíduos particularmente capazes de executá-la após haverem-lhe verificado a idoneidade por meio de testes; e que só se dedicassem a traduções literárias pessoas especialmente interessadas em literatura, dotadas de sensibilidade artística, e com profundo conhecimento de ambas as línguas. O que, porém, acontece na realidade é algo diferente. As editoras — salvo exceções respeitáveis — estão interessadas em contratar tarefeiros que executem determinada tradução dentro do menor prazo possível e pelo menor preço possível. Quanto aos candidatos a tradutor, em geral procuram essa espécie de ocupação não por uma simpatia especial, mas por se tratar de bico que pode ser executado em casa, nas horas de folga, e assegura uma rendazinha suplementar ainda que magra. Daí o desprestígio que envolve a profissão. Sabemos que, em caso de reedição, o editor paga outra vez ao autor, mas o tradutor é deixado de lado. E por pedirem-lhe um trabalho rápido, pago a um tanto por linha, comumente o tradutor pouco se preocupa com a qualidade, tanto menos quanto o seu trabalho raramente é examinado e quase nunca criticado. Entre nós, há uns vinte anos, um intelectual mineiro de sólida cultura e notável conhecimento de línguas manteve, durante algum tempo, no *Diário de Notícias*, uma seção consagrada ao exame das traduções:[3] a seção morreu dada a falta de interesse dos editores, que preferiam não mandar a Agenor Soares de Moura as suas novidades traduzidas.

Na maioria das vezes a tradução é feita por escritores, pessoas que os editores têm mais à mão, quando não pelas primas pobres, os tios inválidos ou as cunhadas desocupadas destes mesmos escritores. Mais de uma vez o escritor empresta apenas o nome à tradução sem deitar-lhe sequer uma olhada. Mas ainda que seja ele mesmo o autor do trabalho, nem sempre a sua qualidade de escritor constitui uma garantia. O que normalmente acontece é um ficcionista, um poeta ou um jornalista aceitarem traduzir um livro francês, inglês ou castelhano, pelo fato de estarem habituados a ler obras escritas nesses idiomas. Os mais inteligentes e conscienciosos não tardam a reconhecer a sua falta de preparo e tentam supri-la por meio de estudos, pesquisas, consultas a pessoas e livros; os mais limitados nem percebem a existência de dificuldades e vão galhardamente matando centenas de páginas, seguros da impunidade. Se acaso acontece de

---

[3]Registro com prazer que o PEN Clube brasileiro, há alguns anos, instituiu o Prêmio de Tradução Agenor Soares de Moura para a melhor tradução do ano em homenagem a esse grande trabalhador intelectual.

alguém descobrir gafes numa de suas traduções, eles opõem às críticas o argumento de haverem traduzido dezenas de volumes sem nunca terem enfrentado uma reclamação.

Desviemos o olhar dessa realidade e consideremos o tradutor como ele devia ser. O primeiro requisito que deve possuir é o conhecimento profundo da sua língua materna, para a qual ele traduz. Quando, ao reler a página que acaba de verter, ele topa com uma frase que não soa bem, terá nisso critério quase infalível do erro cometido. Uma pessoa que não tivesse facilidade natural na sua própria língua nunca se deveria abalançar a fazer uma tradução. Mesmo um punhado de erros de interpretação não inutiliza de todo uma tradução (já que é humano errar, encontramo-los às vezes em trabalhos dos melhores profissionais); em geral os leitores passam por eles sem percebê-los e vão prosseguindo a leitura. Mas um vernáculo desajeitado, emperrado ou pedante, pesadão ou incorreto dificulta a leitura e pode chegar a interrompê-la de vez.

(Esse conhecimento sólido da própria língua, critério certo de toda educação humanística, consegue-se — já se vê — mediante a leitura atenta e contínua dos bons autores, pela frequentação de livros inteligentes *sobre o próprio idioma*, pelo estudo incessante dos meios de expressão.)

Claro, o conhecimento da língua de partida é parte indispensável da bagagem do tradutor. Aí, porém, há concessões. Muitas vezes nasceram traduções relativamente boas feitas de línguas que os tradutores não falavam. Muitas vezes esses têm da língua de partida apenas um estudo livresco, sem conhecerem o país onde ela é falada. Em diversos países há ótimas versões de Shakespeare devidas a poetas que não falavam uma palavra sequer de inglês e executaram a tarefa com sangue, suor e lágrimas, e consulta constante aos dicionários e aos léxicos, alcançando resultados notáveis; existem, em compensação, outras, feitas por professores de inglês, que, apesar de bons, não sabem a língua materna, e compilaram apenas trabalhos escolares, insulsos, ilegíveis. E no caso de obras gregas e latinas, o conhecimento da língua-fonte, por mais sólido que seja, é quase sempre apenas passivo. Semelhante conhecimento se adquire por anos de leitura e pela prática da própria tradução, se ao profissional não lhe faltam as virtudes cardeais da humildade e da curiosidade. Desconfio do tradutor que se gaba de transportar qualquer texto de uma língua para outra à primeira vista, com facilidade igual, sem jamais recorrer aos dicionários. O máximo a que ele deve aspirar não é saber de cor uma língua estrangeira (pois nunca se chega a conhecer a fundo nem sequer a materna) e sim a adquirir um sexto sentido, uma espécie de faro, que o advirta de estar na presença de uma acepção desconhecida de uma palavra, ou então de uma locução de elementos inseparáveis intraduzível ao pé da letra, idiomatismos que fazem parte do lastro de ouro da língua estrangeira.

Só assim o conhecimento direto do outro idioma poderá ser suprido pelo instinto linguístico e pelo folhear inteligente dos dicionários e demais obras de consulta.

Em resumo, o tradutor deve conhecer a língua estrangeira o bastante para desconfiar de cada vez que a compreensão insuficiente de uma palavra ou de um trecho obscurece o sentido do conjunto. Ao ler, por exemplo, na descrição de um jogo de prendas, *Je donne ma langue au chat*, o tradutor, se não conhece a expressão, sentirá que é impossível entendê-la ao pé da letra e tentará localizá-la no dicionário, até encontrar no verbete correspondente a um de seus elementos, provavelmente *chat*, a explicação: "Desisto de adivinhar."

Outro componente mais indispensável de sua aparelhagem talvez seja o bom-senso. Ele deverá partir da suposição de que o texto que lhe cabe verter tem um sentido no original; se, relendo a página que acaba de traduzir, encontrar um trecho que ele mesmo não entende ou que lhe soa absurdo, o jeito será recomeçar. Perceber que o auxílio dos dicionários não resolve uma dúvida, que a solução encontrada não corresponde ao espírito da língua-alvo ou que poderá dar lugar a ambiguidade; que o próprio autor cometeu um erro; que o leitor não poderá entender a interpretação sem a ajuda de uma explicação suplementar ou uma nota; que certos trechos precisam de tradução mais livre que outros... tudo isso é função do bom-senso. Ao encontrar, num diálogo em francês moderno, a locução *par exemple*, acompanhada de ponto de exclamação, não seguido de exemplos, o profissional capaz de raciocinar chegará naturalmente à conclusão de que ela não equivale a *por exemplo*, mas a alguma exclamação do tipo de "ora essa!" É, porém, difícil dizer como se consegue esse ingrediente. Aí é que os nossos cursos de tradução poderiam vir em auxílio de seus alunos pelo comentário e análise de traduções já publicadas, apontando os casos onde a sua falta redundou em prejuízo.

Mas o conhecimento ótimo do próprio idioma, a posse pelo menos razoável do idioma-fonte e uma boa dose de bom-senso são apenas as três primeiras condições. Deve o bom tradutor literário possuir uma cultura geral que lhe possibilite identificar os lugares-comuns da civilização, sem o que estes se transformam em outras tantas armadilhas. Uma curiosidade inteligente, uma desconfiança sempre alerta são condições indispensáveis: senão, o nosso candidato verterá *Mémoires* de Saint-Simon por "Memórias de Santo Simão", pensará que *les trois glorieuses* eram três moças (sem se lembrar de que se deu esse nome aos três dias da Revolução de Julho de 1830), julgará que Union Jack é uma pessoa (sem que lhe ocorra tratar-se da bandeira do Reino Unido, aliás Grã-Bretanha, coisa bem diferente da Bretanha *tout court*). Deverá ele ainda saber que os franceses chamam *Vienne* não somente a capital da Áustria, mas também uma cidade francesa; que o *Quai d'Orsay* não é só um cais do Sena, mas também a sede do Ministério francês das Relações Exteriores; que a *city* de Londres e a *Cité* de Paris são duas coisas totalmente diversas. Lembrará ainda que para os franceses *Genes* é Gênova, ao passo que *Genève* é Genebra; por outro lado, terá presente no espírito que Vênus e Afrodite, Mercúrio e Hermes, Marte e Ares, Juno e Hera designam as mesmas personagens mitológicas. Tampouco deverá esquecer que, no *collège* francês, antigo ginásio no Brasil, o aluno, aprovado na terceira série, passa para a segunda e não para a quarta.*

Já compreendemos que o tradutor que aspira a ser um bom profissional tentará familiarizar-se, igualmente, na medida do possível, com os costumes, a história, a geografia, o folclore, as instituições do país de cuja língua traduz, além de se munir da indispensável cultura geral. De mais a mais deverá saber adquirir uma especialização *ad hoc* no caso de cada obra algo difícil que lhe confiam. Se tiver a sorte de traduzir *Salambô*, de Flaubert, dê-se o trabalho de ler previamente uma história antiga e de se informar sobre Cartago; se tiver de verter *Jean Barois*, de Roger Martin du Gard, enfronhe-se no caso Dreyfus; e caso o convidem a traduzir *Jean Christophe*, de Romain Rolland, tire logo o corpo fora, se não possuir boas noções de música.

Mas não é exigência demais em se tratando de ofício comumente malpago e pouco prestigiado? Em *O barbeiro de Sevilha*, Fígaro perguntava ao seu amo: *"Aux vertus qu'on exige d'un domestique, votre Excellence connaît-elle beaucoup de maîtres qui fûssent dignes d'être valets?"* Parodiando esta frase, podemos perguntar: "A considerar as virtudes que se pede a um tradutor, haverá muitos escritores que fossem dignos de ser tradutores?"

Contudo, não obstante a remuneração insuficiente ou nula, muitos grandes escritores de todos os tempos empreenderam trabalhos de tradução muitas vezes com prejuízo da própria obra. Evidentemente o ofício deve

---

*No sistema educacional francês, o *collège* corresponde aos quatro últimos anos de ensino fundamental brasileiro. (*N. da E.*)

oferecer compensações outras que não as financeiras. Se o trabalho não trouxesse em si mesmo o seu prêmio, Goethe não teria vertido Diderot para o alemão, Mérimée não se haveria empenhado em introduzir os clássicos russos na França, Baudelaire não se houvera debruçado meses a fio sobre as novelas de Edgar Allan Poe, Rilke não transporia Valéry em sua própria língua. Na realidade a tradução é o melhor e, talvez, o único exercício realmente eficaz para nos fazer penetrar na intimidade dum grande espírito. Ela nos obriga a esquadrinhar atentamente o sentido de cada frase, a investigar por miúdo a função de cada palavra, em suma, a reconstituir a paisagem mental do nosso autor e a descobrir-lhe as intenções mais veladas.

Durante algumas dezenas de anos, sob a influência do método direto aplicado ao ensino das línguas modernas, o estudo da tradução esteve ausente de nossas escolas. Antes disso ensinava-se com muito empenho, em especial na França, na Inglaterra e na Alemanha, a tradução dos clássicos, sobretudo dos da Antiguidade grega e latina. Apesar das críticas que se faziam ao ensino das línguas mortas, esse exercício intelectual, quando bem-conduzido, desenvolvia sobremaneira o senso linguístico. A análise sintática, tantas vezes ridicularizada, aplicada a um complexo período antigo podia levar a capacidade de interpretação ao mais alto grau. Haverá enigma de maior sedução do que uma frase latina de que se identificaram todas as palavras e relações sintáticas, mas que, apesar disso, só entrega o próprio segredo a quem se mostra capaz de extraordinário esforço de concentração mental? Abolido esse tipo de exercício, não foi substituído por nenhum outro.

Para suprir essa capacidade perdida, estão surgindo cursos especializados de caráter prático, a começar pelos de tradutor e intérpretes no ensino médio, mas tampouco eles podem fornecer uma formação completa, assim como uma faculdade de Engenharia ou Arquitetura não lança profissionais experimentados. Por outro lado, não há muitos manuais acessíveis em português, destinados a ensinar como se traduz.[4]

Eis por que a boa utilização das traduções existentes e a execução paciente de exercícios devem e podem completar o uso desses manuais. Assim, o candidato a tradutor empreende, a título de exercício, a versão de alguma obra já traduzida em português; depois, compara a própria tradução com a tradução alheia, verifica os erros que cometeu, os deslizes, as inexatidões, as faltas de elegância. Depois disso, e já armado com as lições desse confronto, poderá proceder à tradução de outro capítulo, ou de outra obra.

Prática não menos útil é o simples confronto crítico de qualquer tradução com o original; uma terceira, a comparação

---

[4]Eis alguns títulos: Albert Audubert. *Do português para o francês,* 2ª ed., São Paulo, Difusão Europeia do Livro, 1970; Ch. Bouscaren e A. Davoust. *O inglês que você pensa que sabe,* Rio de Janeiro, Educom, 1975; Jean Maillot. *A tradução científica e técnica,* São Paulo, McGraw-Hill do Brasil, 1975; Georges Mounin. *Os problemas teóricos da tradução,* São Paulo, Cultrix, 1975; Paulo Rónai. *Guia prático da tradução francesa,* 2ª ed., Rio de Janeiro, Educom, 1975; *Escola de tradutores,* 4ª ed., Rio de Janeiro, Educom, 1976; Agenor Soares dos Santos. *Guia prático da tradução inglesa,* Rio de Janeiro, Educom, 1977; Brenno Silveira. *A arte de traduzir,* São Paulo, Edições Melhoramentos, s.d.; Erwin Theodor. *Tradução: Ofício e arte,* São Paulo, Cultrix, 1976.

de duas traduções da mesma obra; quarta, a comparação de uma versão portuguesa com uma versão numa terceira língua que se conhece, e assim por diante.

A tomada sistemática de notas, a organização de uma lista de equivalências, de um rol de termos específicos do texto, de uma relação de frases feitas ou locuções figuradas constituem o complemento racional desse método.

Será necessário acrescentar a exigência óbvia de o tradutor não parar de estudar a língua de sua especialização, de aproveitar todas as ocasiões de lê-la, ouvi-la, falá-la e escrevê-la? De se manter em dia com a evolução e as novidades de seu próprio idioma? De permanecer atualizado, em sintonia com a sua época?

2. AS ARMADILHAS DA TRADUÇÃO

A fé na existência autônoma das palavras. Ilusões do instinto etimológico. Perigos da polissemia. Emboscadas dos "falsos amigos". Armadilhas do poliglotismo. Ciladas dos homônimos. Intraduzibilidade dos trocadilhos? A desatenção, outro perigo. O que são os parônimos. A sinonímia, questão de estilo. Holófrases e características nacionais. Incongruência das noções designadas pela mesma palavra. Dessemelhança das conotações. O problema dos nomes próprios: antropônimos, nomes simbólicos, hipocorísticos, adjetivos pátrios, topônimos. Metáforas vivas e congeladas; sua tradução, adaptação e compensação.

O TRABALHO DO tradutor passa por um caminho ladeado de armadilhas. Até os melhores profissionais guardam a lembrança de algum tremendo contrassenso que cometeram. São diversas as causas de tais erros.

Apesar de sua diversidade, a maioria provém, em última análise, da nossa fé na existência autônoma das palavras e na convicção inconsciente de que a cada palavra de uma língua necessariamente corresponde outra noutra língua qualquer. Confirma essa ilusão o recurso constante aos dicionários, onde, por motivos de comodidade prática, os vocábulos se acham em ordem alfabética, soltos de contexto e seguidos de definição.

Como dissemos, a palavra existe apenas dentro da frase, e o seu sentido depende dos demais elementos que entram na composição desta. Ainda que dois vocábulos de duas línguas sejam definidos de maneira igual, os enunciados de que eles podem fazer parte não são os mesmos, nem as conotações que evocam serão iguais.

Isto é verdade mesmo no caso de palavras da mesma origem e de forma suficientemente próxima para revelar o parentesco à primeira vista. Assim o nosso vocábulo "cópia" existe em francês, italiano e inglês sob forma quase igual, no sentido de "imitação", "reprodução". Mas *copie* em francês designa, além disto, trabalho escrito de aluno, assim como manuscrito entregue à tipografia de um jornal, acepções que faltam a *copia* em italiano e a *copy* em inglês; em compensação estas duas palavras possuem o sentido de exemplar, que falta em francês e português.

Uma das principais culpadas das cincadas de tradução é a *etimologia*.

O instinto etimologizador, que existe em todos nós, se é um auxiliar precioso, pode também produzir enganos. Sem dúvida, tinha razão de sobra Valery Larbaud ao escrever que a etimologia era o sal das línguas literárias, pois só ela dava sabor e duração ao material verbal, acrescentando que tinha pena das pessoas que, não sabendo latim, ignoravam as etimologias. Para elas todas as palavras devem dar a impressão de não repousarem sobre nada, de puros e absurdos conglomerados convencionais de sílabas, palavras no ar; e a ortografia, com suas anomalias demasiadamente reais, deve parecer-lhes um quebra-cabeça infernal. Efetivamente, no espírito de quem sabe do parentesco entre *père* e *paternel, mère* e *maternel, main* e *manœuvre*, estas palavras estão motivadas e, portanto, de um emprego mais fácil. Essa mesma consciência etimológica permite, não raro, adivinhar a significação da palavra estrangeira vista pela primeira vez; mas como em duas línguas da mesma família palavras da mesma origem têm quase sempre evolução diferente, ela deve ser submetida a permanente controle. Uma pessoa francófona de instrução razoável facilmente descobrirá o parentesco dos verbos *prêter* e "prestar"; mas só o estudo e o exercício do português lhe ensinarão que *prêter de l'argent* não é "prestar" e sim "emprestar dinheiro". *Poste* e "posta" são evidentemente o mesmo vocábulo; mas, no seu sentido mais comum, *poste* é vertida em português por "correio".

Em face da diferenciação nas noções, uma mesma palavra ganha vários sentidos novos no decorrer de sua evolução. "Respeito" guarda em português o mesmo sentido primordial que o francês *respect*; mas a acepção "ponto de vista" (na expressão "a esse respeito") é-lhe peculiar. O português "fato" e o italiano *fatto* são facilmente relacionáveis; mas só à primeira dessas formas cabe o sentido de "terno completo", aliás de uso bem maior em Portugal que no Brasil.

Essa diversificação do sentido, a que se dá o nome de *polissemia*, faz com que a uma palavra possam corresponder diversos equivalentes segundo o contexto. Ora, palavras cognatas de duas línguas quase nunca apresentam polissemia no mesmo grau. O nosso vocábulo "mão" na maioria dos casos se traduz em francês por *main*; mas quando se refere a direção de trânsito, deve ser vertido por *sens*. *Office* em francês e o nosso "ofício" possuem ambos as acepções de "função", "tarefa", "cargo". Mas o sentido de "escritório" é exclusivo do francês e o de "carta de repartição pública", do português. Para "miserável" o inglês tem duas palavras da mesma origem: *miserable*, sinônimo de "digno de compaixão" ou "desprezível", e *miser*, sinônimo de "sovina", "unha de fome".

É claro que a polissemia não constitui perigo apenas quando se trata de termos cognatos. Abro ao acaso o *Dicionário inglês-português* de Leonel e Lino Vallandro, e no verbete *slip* encontro, entre muitas outras, as acepções "escorregadela", "erro", "tropeço", "fuga", "fronha de travesseiro", "anágua", "bibe de criança", "calção de banho", "trela de cão", "corrediça", "plano inclinado", "rampa de lançamento", "patins de trenó", "tira de papel", "bilhete", "banco de igreja", "enxerto". E isto apenas como equivalentes do substantivo, pois há também o verbo *to slip* e o adjetivo *slip*. Quantos alçapões para um só tradutor!

Naturalmente, os bons dicionários como esse registram em separado as diversas acepções de um vocábulo; mas para tirar deles o proveito possível cumpre ter boa dose de desconfiança, que só se adquire no decorrer de longa prática. Há, aliás, diferenças sutis não consignadas nos dicionários. O francês *vagabond* traduz-se em português por "vagabundo";

mas este tem uma conotação pejorativa que falta à variante francesa, e, portanto, se verteria para o francês, em muitos casos, por uma palavra totalmente diversa.

A polissemia faz com que a uma palavra do idioma A correspondam duas palavras no idioma B. À nossa palavra "relação" podem corresponder duas palavras em francês, *relation* e *rapport*, nem sempre substituíveis. Por outro lado, ao adjetivo francês *simple* correspondem em português "simples" e "singelo". O tradutor, inclinado a usar a forma que é mais parecida, é ameaçado de nunca usar a mais rara, que representa uma riqueza da própria língua. Luís de Lima ponderou-me, com razão, que o equivalente exato de *Un cœur simple*, de Flaubert, que figura sob o título "Um coração simples", em *Mar de histórias*, estaria melhor se intitulado "Um coração singelo".

Perigo maior representam os cognatos aparentes ou *falsos amigos*, palavras semelhantes em duas línguas, mas de sentidos totalmente diversos. Basta um momento de distração para o tradutor verter a expressão *par hasard* por "por azar" em vez de por "por acaso" e *éleveur*, "criador de animais", por "elevador".

Os falsos amigos muitas vezes são palavras de origem comum cujo sentido se distanciou por efeito da evolução semântica diferente. Um par de falsos amigos é constituído pelo latim *casa* e o português "casa". O primeiro na verdade significava "cabana", "choupana". Para designar uma residência, os romanos usavam a palavra *domus*. Com a devastação e a decadência causadas pelas invasões bárbaras, as residências ficavam cada vez mais parecidas com chou-panas e a palavra *domus* (em português "domo") passou a ser reservada a construções importantes, como por exemplo uma catedral.

Outras vezes a semelhança é mera coincidência, resul-tado da evolução convergente de duas palavras totalmente diversas na origem, como por exemplo o francês *cor*, "calo", e o português "cor" (francês *couleur)*. Nas relações de cada duas línguas existe certa quantidade de falsos amigos. Os do francês em relação ao português[5] não são os mesmos que ele tem em confronto com o inglês. Entre eles figuram, por exemplo, *abonné* (que não é "abonado"), *affamé* (que não é "afamado"), *apporter* (que não é "aportar") e assim por diante.

Poder-se-ia organizar outra relação semelhante para quem traduz do português para o francês. Note-se que os falsos amigos não são os mesmos quando o ponto de par-tida é a outra língua. Alguns exemplos desse grupo seriam "caixa" (no sentido de *caissier)*, "chapéu" (no de *parapluie)*, "legenda" (no de *sous-titre)*, "precisar" (no de *avoir besoin)*, "processo" (no de *dossier)*, e assim por diante.

Fizeram-se várias coleções dos falsos amigos do tradutor de inglês.[6] Dessas armadilhas citemos algumas das mais conhecidas: *actually* não é "atualmente", mas "realmente"; *to apologize* não é "apologizar", mas "desculpar-se"; *casualty*

---

[5]Relacionados em meu livro *Guia prático da tradução francesa, relação alfabética dos falsos amigos, homônimos e demais armadilhas do vocabulário francês*, 2ª ed., Rio de Janeiro, Educom, 1975.
[6]Ver nota 4.

pode ser "casualidade", mas no plural *casualties* é "baixas", "perdas"; *dog days* não são "dias de cachorro", mas "canícula"; *idiom* pode ser "idioma", mas também "idiomatismo"; *luxury* não é "luxúria", mas "luxo"; *physician* não é "físico", mas "médico" etc. etc.

Particularmente perigosos são os falsos amigos do tradutor de espanhol. A interlegibilidade do castelhano para lusófonos, isto é, a excessiva proximidade das duas línguas, não raro ilude o tradutor a respeito da possível facilidade da sua tarefa; daí encontrarmos indevidamente traduzidos *cola* por "cola" em vez de "cauda"; *crianza* por "criança" em vez de "educação"; *dirección* por "direção" em vez de "endereço"; *nudo* por "nu" em vez de "nó"; *oso* por "osso" em vez de "urso"; *polvo* por "polvo" em vez de "pó"; *rato* pelo homônimo "rato" em vez de "momento"; *zurdo* por "surdo" em vez de "canhoto".

Outra coleção considerável poderia ser feita com as possibilidades de deslizes oferecidas pelo italiano. Lembremos, entre dezenas ou talvez centenas, *assente*, que não é "assento", mas "ausente"; *bollore*, que não é "bolor", mas "fervor"; *caldo*, que não é "caldo", mas "quente"; *casamento*, que não é "casamento", mas "casario"; *frotta*, que não é "frota", mas "multidão"; *lebbra*, que não é "lebre", mas "lepra"; *paio*, que não é "paio", mas "par"; *seta,* que não é "seta", mas "seda". Uma relação de falsos amigos franceses, espanhóis e italianos encontra-se no livro de Brenno Silveira, *A arte de traduzir.*[7]

---

[7]Ver nota 4.

Muito menor a probabilidade de o tradutor de outras línguas, não aparentadas com a nossa, encontrar desses falsos cognatos: poucos haverá entre o alemão e o português, ou o português e o russo. Mas a grande maioria dos textos que se traduzem pertence precisamente aos idiomas em que a possibilidade da confusão é maior.

Nesse campo, o poliglotismo pode constituir uma armadilha. *Gift* pode ser palavra tanto alemã como inglesa (salvo que no primeiro caso principia sempre com maiúscula), mas significa "veneno" ou "dádiva".

Os homônimos existentes dentro de cada língua também representam outras tantas ciladas.

As estilísticas distinguem entre homônimos *etimológicos*, palavras de origem diferente, às quais o acaso das mutações fonéticas acabou conferindo pronúncia e, frequentemente, grafia idênticas ou semelhantes; assim em português *escatologia* (= coprologia) e *escatologia* (= doutrina sobre a consumação do tempo e da história), derivados respectivamente das palavras gregas *skor*, *skatos*, "excremento", e *eschatos*, "último", ou, em alemão *kosten*, "custar", e *kosten*, "provar" (que provêm respectivamente do latim *constare* e *gustare*), e homônimos *semânticos* como "impressão" (correspondente ao alemão *Eindruck*) e "impressão" (alemão *Druck*). Estes últimos, na verdade, são apenas casos de polissemia, mas em que o indivíduo falante já não sente as duas acepções de uma só palavra. A distinção importa pouco ao tradutor para quem uns e outros significam perigo, enquanto para os nativos a quem o contexto permite evitar confusões todos eles fornecem um estoque inesgotável de trocadilhos.

Abramos um parêntese para dizer duas palavras sobre a tradução do trocadilho. Em outro de meus trabalhos[8] mostrei que esse jogo do espírito tantas vezes julgado inferior desempenha na literatura papel muito mais importante do que se pensa e aparece tanto em Platão como nos trágicos gregos, nas Escrituras como nos clássicos latinos, nos moralistas e filósofos mais severos. Certas línguas têm para ele mais pendor que outras; as mais férteis em jogos de palavras são as que têm maior número de monossílabos, entre elas o francês e o inglês e, talvez, o chinês. Segundo Maupassant:

> O chiste, o trocadilho é um troco muito miúdo do espírito. E, no entanto, é ainda um lado, um caráter bem particular de nossa inteligência nacional. É um de seus encantos mais vivos. Forma a alegria cética da nossa vida parisiense, a amável displicência de nossos costumes. É uma parte de nossa amenidade... Palavras, palavras, nada mais que palavras, irônicas ou heroicas, divertidas ou brejeiras, sobrenadam na superfície da nossa história e deixam a impressão de que ela é comparável a uma coletânea de calembures.

Será necessário advertir que, nessa citação, "palavra" tanto indica frase, como vocábulo? Na verdade, todo trecho

---

[8]"Defesa e ilustração do trocadilho", in *Como aprendi o português, e outras aventuras*, 2ª ed., Rio de Janeiro, Artenova, 1975.

faceto em que a graça é produzida por um jogo de sentidos é intraduzível por excelência. Lembremo-nos da deliciosa cena do *Cândido* de Voltaire, em que o rei de Eldorado diverte seus hóspedes com chistes. *"Cacambo expliquait les bons mots du roi à Candide, et, quoique traduits, ils paraissaient toujours des bons mots. De tout ce qui étonnait Candide ce n'était pas ce qui l'étonna le moins."*

Muitas vezes o tradutor literário se vê em presença de um desses temíveis testes. É raro um trocadilho traduzido permanecer trocadilho na outra língua, como a famosa frase de Ludwig Feuerbach, *Der Mensch ist, was er isst*, que eu verteria em latim por *Homo est quod est*; noutra língua qualquer, porém, perde a graça: "O homem é o que ele come."

Para realizar semelhantes proezas é preciso, naturalmente, que um espírito zombeteiro se encontre num momento feliz de inspiração, como aquele, citado por Pierre Daninos, que deu à frase francesa *La Révolution que j'accepte est celle sans guillements et sans guillotines* esta forma inglesa: *The Revolution j'accept has a capital, but no capital punishment*, ou aquele outro, lembrado por um especialista de semântica, que afrancesou *Is life worth living? — It depends on the liver*, por *La vie vaut-elle la peine d'être vécue? — Question de foie.*

Quanto à sobrevivência do calemburgo em mais de uma versão, as possibilidades são mínimas; um desses casos raríssimos é esta sentença de Epicteto, *Anékhu kai apékhu*, traduzido por Aulo Gélio como *Sustine et abstine*, e que mais tarde um helenista alemão soube transpor assim: *Leide und meide.*

Em geral, porém, o trocadilho é intraduzível por definição ou, noutras palavras, perde todo o chiste na tradução.

O adágio esopiano *Pathêmata — mathêmata* vira este truísmo: "Os sofrimentos são ensinamentos"; *Last not least* só é válido em inglês; e o verso de Schiller *Ein Schlachten war's, nicht eine Schlacht zu nennen* ("Era uma carnificina, não se podia chamar batalha") humilha o infeliz do tradutor, que, por mais que dê tratos à bola, não encontra solução adequada. Explicá-lo entre parênteses ou escamoteá-lo, explicitá-lo em notas de pé de página ou simplificá-lo são recursos igualmente pobres. Quando, porém, o vício de fazer trocadilhos é característico de uma personagem, em vez de tentar traduzir-lhe os chistes, o tradutor pode tentar compensá-los, colocando jogos de palavras eventualmente noutros trechos, onde o espírito da sua própria língua o ajudar.[9] É este um dos casos em que ele pode aproveitar a imaginação, de que todo profissional tem de possuir uma boa dose.

Eis alguns exemplos de homônimos em francês: *feu* ("fogo" e "falecido"); *foi* ("fé"), *foie* ("fígado"), *fois* ("vez"); *mode* ("modo" e "moda"); *propre* ("próprio" e "limpo").

Em inglês: *fall* ("queda" e "outono"); *left* ("esquerdo" e particípio passado do verbo *to leave,* "deixado"); *light* ("leve" e "luz"); *mean* ("médio" e "miserável", e, além disso, presente do verbo *to mean,* "entender"); *still* ("quieto" e "ainda").

---

[9] Ver mais adiante, p. 229.

Em espanhol: *fechar* ("datar" e "fechar"); *hilo* ("hilo" e "fio"); *pero* ("pera" e "porém"); *abrigo* ("refúgio" e "sobretudo"); *pez* ("peixe" e "piche"); *huelga* ("folga" e "greve").

Em latim: *amor* ("amor" e "sou amado"), *latus* ("largo" e "lado"), *os* ("osso" e "boca").

Em alemão: *Leiter* ("escada" e "condutor"), *Schloss* ("fechadura" e "castelo"), *Weise* ("sábio" e "maneira"), *Verdienst* ("ganho" e "merecimento"), *Flur* ("vestíbulo" e "campo"); *Mal* ("mancha" e "ver").

Em italiano: *bugia* ("mentira" e "castiçal" ou "vela"), *pasticcio* ("pastel" e "confusão"), *piano* ("piano" e "devagar"), *solo* ("só" e "solo"), *vita* ("vida" e "cintura").

Em russo: *kliutch* ("fonte" e "chave"), *mir* ("mundo" e "paz"); *zamok* ("fechadura" e "castelo").

Acrescentemos, a título de curiosidade, estes exemplos húngaros: *állás* ("o estar em pé" e "emprego"), *járás* ("o andar" e "distrito"), *nem* ("não" e "sexo ou gênero"), *szél* ("vento" e "bordo"), e *ülés* ("o estar sentado" e "sessão").

Consolemo-nos lembrando que em nosso idioma tampouco escapeiam homônimos, outras tantas armadilhas para quem verte textos de português para outras línguas: assim *ação* (boa ou má) e *ação* (vendida na bolsa), *bolsa* (de couro) e *bolsa* (de valores), *redação* (de jornal) e *redação* (feita em aula), *representação* (teatral) e *representação* (do Brasil em Londres) etc.

A desatenção do profissional pode multiplicar os homônimos: Erwin Theodor Rosenthal recorda um tradutor inglês de Hermann Hesse que, apesar do trema, confundia *schon* ("já") e *schön* ("belo"); eu mesmo me lembro de outro que trocava *Rede* ("discurso") com *Reede* ("enseada").

Com pouco chegamos aos *parônimos*, que, segundo Jean Maillot, são palavras do mesmo radical com prefixo ou desinência diferente, como "janta" e "jantar", ou, em francês, *maturité* e *maturation* ou *prescrire* e *proscrire*; outros dão esse nome também a palavras semelhantes de sentido totalmente diferente como "descrição" e "discrição", "estático" e "estético", "infligir" e "infringir", "lúdico" e "lúcido", "usurário" e "usuário". Ambos os grupos representam perigos para o tradutor; o segundo ainda mais que o primeiro, pois a confusão já pode existir no texto original, sendo os cinco pares de exemplos vernáculos que acabo de citar fonte de inúmeros erros tipográficos.

E os *sinônimos*, palavras de sentido idêntico ou quase idêntico? Eles representam outro tipo de emboscadas. Por não haver sinônimos perfeitos, eles não são permutáveis em todos os enunciados possíveis. *Pai* e *papai* são sinônimos, mas não se diz *Fulano de tal, papai de três filhos.* Quando a língua estrangeira apresenta diversos sinônimos lá onde a sua própria língua lhe oferece apenas uma palavra, o tradutor não tem dificuldade; mas terá de ponderar a escolha de cada vez que para um termo estrangeiro existirem dois ou três equivalentes no seu idioma. Quando traduzir *chien* por "cachorro" e quando por "cão"? Para verter *liste*, quando preferir "lista", "relação" ou "rol"?

Havendo abundância de sinônimos para determinada noção nas duas línguas, o bom tradutor procurará determinar o matiz, o sabor, a aura social daquele que figura no original para transportá-lo em sua língua. Como estes sinônimos, dos muitos que possui o nosso verbo "morrer": "falecer", "entregar a alma ao Criador" e "esticar a canela", de maneira alguma são permutáveis, os sinônimos franceses de *mourir* — *s'éteindre, casser sa pipe, claquer* — não seriam bem-traduzidos por qualquer equivalente apenas lógico. A opção será, fundamentalmente, uma questão de estilo.

Outra série de problemas é constituída pelas palavras holofrásticas. Dá-se o nome de *holófrases* às palavras que exprimem noção peculiar a um idioma: a elas se faz muita referência em se tratando de línguas primitivas. Em esquimó, por exemplo, além do termo geral que indica "foca", existe outra palavra para indicar foca tomando sol; outra, foca sentada num bloco de gelo; e assim por diante, sem falar numa série de palavras que indicam as focas de diferentes idades. Segundo Ruth Kirk, autora de *Snow*, que viveu muito tempo entre esquimós, estes têm mais de duas dúzias de palavras em sua língua para designar diversas espécies de neve. Citando Lévy-Bruhl, Fidelino de Figueiredo reproduz um verbo de uma das línguas banto que significa "subir em alguma coisa servindo-se das mãos durante uma viagem ou marcha longe dos outros e sem ser visto por eles". São casos deveras pitorescos, mas poucos dentre nós hão de traduzir textos bantos ou esquimós.

No entanto, a tendência holofrástica existe também noutras línguas, muito mais importantes. Vejo, num manual de conversação chinesa, que o chinês tem duas palavras para "sogro", segundo se trata do pai da mulher ou do marido, e outros tantos para "sogra". Na designação dos tios, esse idioma, além de usar termos diferentes para o do lado paterno e o do materno, faz questão de assinalar, por meio de outras diferenciações, se estes são mais velhos ou moços que o pai ou a mãe de quem são irmãos.

O russo, por sua vez, tem quatro palavras para designar o cunhado, pois teima em informar se se trata do irmão da mulher ou do marido, do marido da irmã ou da cunhada.

Em alemão existe um substantivo só usado no plural, *Geschwister*,[10] que indica "um irmão e uma irmã", ou "irmãos e irmãs".

---

[10]É este o título de um pequeno drama de Goethe no qual se trata de um amor irresistível que surge entre irmão e irmã (ou que pelo menos são dados como tais). Em português ou outra língua qualquer precisa-se de três palavras para traduzi-lo: "Irmã e Irmão".

O húngaro tem termos especiais para "irmão mais velho" e "irmão mais moço", como para "irmã mais velha" e "irmã mais moça". Nesse idioma há um termo especial para designar o "parentesco" existente entre o pai e o padrinho de uma criança.

A tradução da holófrase em todos esses casos só é possível por meio de circunlocuções extensas; quando o tradutor faz questão de ressaltar que no original se trata de noção expressa por meio de uma palavra só, usará hífens.

Em sentido mais lato podemos chamar de holófrases palavras que designam noções peculiares a uma civilização, sem correspondente nos demais ambientes culturais. Disto seriam exemplos em alemão, *Weltanschauung, Gemütlichkeit* e *Kitsch*; em francês, *parvenu* e *savoir-faire*; em inglês, *understatement*; em norte-americano, *know-how*; em italiano, *mafia* e *vendetta*; em castelhano, *piropo*; em português, *saudade*; em brasileiro, *jeito* e *sertão*[11] — palavras essas que, por mais que tentemos traduzi-las recorrendo a todos os circunlóquios possíveis, chegamos à conclusão de só haver exprimido parte do seu conteúdo complexo. Tais palavras em geral acabam impondo-se sob sua forma original aos idiomas cultos, que, na impossibilidade de forjarem seus equivalentes, as incorporam ao próprio vocabulário.

Estudiosos da teoria da tradução têm salientado muito as diferenças de ambiente responsáveis pela ausência de deter-

---

[11]Os tradutores alemão, italiano e espanhol de *Grande sertão: veredas* de Guimarães Rosa mantiveram a palavra "sertão" até no título.

minadas noções e que constituiriam obstáculos insuperáveis para o tradutor. Eugene A. Nida, diretor da Sociedade da Bíblia, dá conta de algumas dessas dificuldades encontradas na tradução das Escrituras.[12] Nas línguas de certas tribos primitivas não há palavra para "peixe". Há ilhas em que os indígenas não têm uma noção equivalente a "pai". Muitos povos ignoram a neve; para eles "branco como a neve", "branco de neve" não têm significação.

Pelos mesmos motivos era difícil resolver a alusão à serpente bíblica na versão para esquimós. Com efeito, estes semelhantes nossos nunca viram uma cobra. Pensou-se em substituí-la por foca; mas esse, para o esquimó, é um animal essencialmente bom, camarada mesmo, e, portanto, seria impossível imputar-lhe qualquer interferência maldosa. Roger Caillois, que citou o caso, não diz a solução a que se chegou.

(Diga-se de passagem que a existência ou não de certas palavras em determinadas línguas já foi tomada como base de caracterologias nacionais. Partindo-se da ideia de Humboldt de que a diversidade das línguas é explicável pela divergência das visões do mundo, chegou-se[13] a inferir que em turco faltavam palavras para "interessante" e "interessar-se" devido à falta de curiosidade dos turcos, convencidos de que o Alcorão contém tudo que um homem precisava

---

[12]Eugene A. Nida. *Bible Translating. An Analysis of Principles and Procedures, with Special Reference to Aboriginal Languages*, Nova York, American Bible Society, 1947.
[13]Douglas Busk. *The Curse of Tongues and Some Remedies*, Londres, Pall Mall Press, 1965.

saber; que nas línguas do Congo não existe palavra para dizer "obrigado" em face da extrema miséria reinante na região, onde, por isso, ninguém pode privar-se de coisa alguma nem prestar qualquer serviço; e, até, que os franceses não gostam de viver em casa por não terem palavra equivalente ao inglês *home.*)

Mas em vez de nos aventurarmos nos terrenos movediços da Etnossociologia, voltemos aos da Linguística. A meu ver, têm-se exagerado em excesso as dificuldades da tradução das palavras holofrásticas ou exclusivas de uma civilização. Afiguram-se-me bem mais frequentes e praticamente insolúveis as que resultam das reações diferentes que as palavras mais comuns suscitam em ambientes diversos.

Assim, por exemplo, não pode haver a menor dúvida sobre o sentido da palavra *setembro*, nono mês do ano. Entretanto a famosa poesia "Fim de setembro", de Sándor Petöfi, uma das mais belas da língua húngara, deixa ideia confusa no espírito do leitor brasileiro, porque as imagens de natureza agonizante, folhas murchas e cumes cobertos de neve não se coadunam com o título.

Na mesma ordem de ideias, as noções suscitadas pela palavra *inverno* na mente de um carioca em nada se assemelharão às que provoca seu perfeito equivalente russo *zimá* no espírito de um habitante de Leningrado. Tampouco a ideia de Natal expressa por outro equivalente tem qualquer coisa em comum no Brasil e na Suécia.

Pelo mesmo motivo, as palavras *breakfast* e *petit-déjeuner*, que figuram como equivalentes no dicionário inglês-francês, referem-se a duas refeições essencialmente diversas; *pão*, *pain*, *Brot*, *bread* designam produtos semelhantes, mas não idênticos; e o café, como o bebemos no Brasil, não é a mistura indefinível que se ingurgita em Nova York. *Pobre* designa nos Estados Unidos uma pessoa que tem automóvel e recebe, a título de *welfare*, indenização equivalente ao salário de um professor universitário em certos Estados da América do Sul.

Poder-se-iam multiplicar *ad infinitum* os exemplos de conotação dessemelhante, quase nunca registrada nos dicionários bilíngues. Segundo um léxico francês-português, *empire* é equivalente perfeito de *império*; entretanto eles suscitarão associações totalmente diversas no espírito de um francês e de um brasileiro.

Sem o conhecimento da conotação[14] entende-se menos a origem de muitas expressões figuradas: assim *pour des prunes* ("por um nada", "a troco de banana") só é motivada para quem sabe que a ameixa é na França fruta das mais corriqueiras e baratas — tal como a banana e o abacaxi entre nós ganharam conotação depreciativa em seus empregos figurados.

---

[14]"A diferença entre a denotação de uma palavra e a sua conotação é muito significativa em tradução. Nem sempre o problema é saber o que uma palavra designa (a denotação), e sim como as pessoas reagem a ela (a conotação)." A observação é de Eugene A. Nida, que a ilustra citando as reações diferentes que o termo "comunismo" provoca em diversos países.

Numa palavra, devido à dessemelhança das condições de vida é impossível que qualquer tradução dê a mesma impressão do original. Pois é precisamente esse argumento irrespondível que salienta uma das mais importantes razões de ser da tradução: permitir às pessoas formular ideia sobre a maneira de viver e de sentir das que vivem noutras partes do mundo.

Entre as palavras evocadoras têm de se incluir uma categoria de vocábulos sem sentido verdadeiro, apenas de utilidade designativa. Estou-me referindo aos nomes próprios. Essas palavras destituídas de significação possuem, entretanto, valor conotativo dos mais fortes. Se um personagem de ficção brasileira aparece com o nome de João da Silva,[15] torna-se evidente a intenção do autor de fazer dele o símbolo do homem médio, do *Jedermann*, mas o nome, se mantido numa tradução francesa ou alemã, despertaria apenas associações de exotismo. Para o leitor francês, César e Marius, personagens de Marcel Pagnol, revelam à primeira vista a sua naturalidade marselhesa. Certos nomes, frequentes em determinado lugar e, por isso, de consonância plebeia, são raros noutros e têm, portanto, conotação aristocrática. Como fazer? É difícil adotar uma norma. Sei apenas que a tradução alemã *Papa Johannes* torna irreconhecível o velho negro Pai João da poesia de Jorge de Lima. É desses casos em que é lícito recorrer a uma nota de pé de página.

---

[15]Como em *De Homero a João da Silva*, peça de Emanuel de Moraes, Editorial Tormes, s.d., onde ele aparece como um "homem qualquer, numa cidade qualquer".

Não existe regra geral sobre a tradução dos antropônimos comuns. Certas línguas são mais propensas a naturalizá-los (como o italiano e o espanhol), mas na França e no Brasil são mantidos em suas formas primitivas.

Um caso à parte é formado pelos nomes simbólicos, usados outrora, e mesmo modernamente por certos escritores para deixarem adivinhar o caráter de uma personagem à primeira vista, assim os do ingênuo Cândido, do sábio Pangloss e do displicente Pococurante em Voltaire, e do padrasto vilão Murdstone ou da "modelar" empregada Paragon em Dickens; da prostituta Carola Venitequa em Gide e do mafioso Rinaldo Cantabile e da cantora Silvia Sottotutti em Saul Bellow. Nestes casos também pode-se esclarecer o sentido numa nota de pé de página.

É preferível não traduzir os hipocorísticos ou nomes de carinho, tais como Beppe (variante de Giuseppe), Jimmy (de James), Sacha (de Alexandre) etc. Mas, atenção, para não dar a impressão de nomes femininos nos casos de Kólia, Vássia, Pétia etc., variantes carinhosas de Nikolai, Aleksandr, Piotr etc.

Em compensação devem ser vertidos os nomes próprios usados metaforicamente como nomes comuns; Tizio, Caio e Sempronio em italiano, Hinz und Kunz em alemão correspondem, em português de lei, a Fulano e Sicrano.

Em geral, recomenda-se muita desconfiança, em matéria de antropônimos, sobretudo os da Antiguidade. O francês Tite-Live e o inglês Livy designam a mesma pessoa. Numa tradução portuguesa de Portugal do livro de Alberto

Moravia, *O homem como fim*, leio esta frase: "uma tradição que remonta a Giovenale e a outros satíricos e realistas romanos da tardia latinidade", onde se percebe nitidamente que o tradutor não identificou Giovenale com Juvenal, como nós costumamos citá-lo.

Outra categoria aparentemente neutra e na verdade carregada de significados explosivos é a dos *topônimos*. Rio de Janeiro significa uma coisa para o carioca que nele vive e trabalha, outra para o paulista que aí vem passar as suas férias, outra para o europeu que condensa nesse nome o seu sonho exótico. Mesmo os logradouros de uma cidade — *Copacabana, Lapa, Wall Street, Avenue des Champs Elysées, Piccadily Circus, Quartier Latin, Kurfürstendamm, Nevski Prospekt* — acabaram condensando, no decorrer dos tempos, um complexo de conotações que reclamaria dezenas de páginas para ser analisado. E quando há logradouros do mesmo nome em duas cidades a coisa piora, pois eles têm tão pouca coisa em comum como a Lapa do Rio e a de São Paulo.

Nisto reside um dos mais insolúveis problemas da tradução, embora raramente haja sido mencionado. Daí considerarmos um dos textos mais intraduzíveis da nossa literatura um poemeto de Manuel Bandeira, "Tragédia brasileira":[16]

---

[16]Bandeira, Manuel. "Tragédia brasileira", in *Estrela da manhã*, Rio de Janeiro: Ministério da Educação e Saúde/ Edição do autor, 1936

Misael, funcionário da Fazenda, com 63 anos de idade.

Conheceu Maria Elvira na Lapa — prostituída, com sífilis, dermite nos dedos, uma aliança empenhada e os dentes em petição de miséria.

(...)

Quando Maria Elvira se apanhou de boca bonita, arranjou logo um namorado.

(...)

Os amantes moraram no Estácio, Rocha, Catete, rua General Pedra, Olaria, Ramos, Bonsucesso, Vila Isabel, rua Marquês de Sapucaí, Niterói, Encantado, rua Clapp, outra vez no Estácio, Todos os Santos, Catumbi, Lavradio, Boca do Mato, Inválidos...

(...)

A ilustre poetisa Elizabeth Bishop procurou insinuar ao leitor norte-americano o sabor e a intenção dessa enumeração misturando nomes de bairros nova-iorquinos aos dos bairros cariocas.[17] Dou a seguir a sua tentativa, que não chega a convencer-me.

Misael, civil servant in the Ministry of Labor, 63 years old.

Knew Maria Elvira of the Grotto: prostitute, syphilitic, with ulcerated fingers, a pawned wedding ring and teeth in the last stages of decay.

(...)

---

[17]*An Anthology of Twentieth-Century Brazilian Poetry,* organização e introdução de Elizabeth Bishop e Emanuel Brasil, Middletown, Connecticut, Wesleyan University Press, 1972.

When Maria Elvira discovered she had a pretty mouth,
she immediately took a boy-friend.

(...)

The lovers lived in Junction City. Boulder. On General
Pedra Street. The Sties. The Brickyards. Glendale. Pay
Dirt. On Marquês de Sapucaí Street in Vila Isabel. Niterói.
Euphoria. In Junction City again, on Clapp Street. All
Saints. Carousel. Edgewood. The Mines. Soldiers Home...

(...)

Outro tradutor, Manuel Cardoso, manteve em português
todos esses nomes, mas, depois de reproduzir tais quais
Estácio, Rocha, Catete, rua General Pedra... incompreen-
sivelmente deixou escapar Constitution Street.[18]

Causa de muitos erros de tradutor é o fato de terem certos
topônimos formas diferentes nas diversas línguas. *Leghorn* é
o nome inglês de *Livorno*; *Köln* é o nome original alemão do
francês *Cologne* e da nossa Colônia. O tradutor brasileiro que
falasse em Leghorn (a não ser em se tratando de uma raça
de galinhas) ou em *Cologne* seria imperdoável. E há casos
tão esquisitos como *Bratislava*, cidade da Eslováquia, mas
que durante centenas de anos fez parte da Hungria sob o
nome de *Pozsony* e que no Ocidente é sobretudo conhecida
sob seu nome alemão *Pressburg*!

Cabe aqui dizer duas palavras a respeito dos adjetivos
pátrios, cujo valor conotativo depende do lugar onde estão

---

[18] *Poesia brasileira moderna. A bilingual anthology,* organização, introdução e notas de
José Neistein, tradução de Manuel Cardoso, Washington, D. C., Brazilian-American
Cultural Institute, Inc., 1972.

sendo usados. Não só *norte-americano* suscita reações diferentes entre ingleses e mexicanos; os adjetivos *carioca, gaúcho, mineiro, capixaba,* unicamente denotativos para um europeu, enchem-se de forte valor conotativo para qualquer brasileiro.

Ainda que as palavras fossem usadas apenas em sentido próprio, a tradução seria uma operação temerária, dada a falta de correspondência de uma língua para outra. Mas o que a torna quimérica é o pendor do espírito humano para a *metáfora,* quer dizer, a utilização do vocábulo com um sentido outro que ele parece possuir normalmente. O uso de expressões figuradas dá-se em todos os idiomas conhecidos, e não apenas na prática literária. Muitas dessas expressões conseguem adoção geral a ponto de serem empregadas sem que a pessoa falante se lembre do sentido primitivo das palavras que as compõem. "É uma mão na roda" — dizemos pensando num auxílio que vem no momento oportuno, sem vermos a imagem da carroça encalhada; *"Le jeu n'en vaut pas la chandelle"* se diz ainda em França apesar de quase não mais haver lugares sem luz elétrica. Muitas vezes os elementos da imagem fundem-se numa só palavra, como em *beija-flor, humming bird, oiseau-mouche, bas-bleu,* "nariz de cera" ou ainda no substantivo húngaro *testvér,* composto de *test,* "corpo", e *vér,* "sangue", mas que para os indivíduos falantes da língua magiar suscita apenas a ideia de "irmão" e de "irmã". Ao lado das metáforas consagradas pelo uso e incorporadas na língua, surgem outras aos milhares sob a pena do escritor no momento em que escreve ou na boca do falante no momento em que fala, destinadas a ser esquecidas imediatamente ou a permanecer em uso.

Ai do tradutor que não identifica a metáfora convencional e a verte dissecada em seus elementos. "Não ter papas na língua", "vir com quatro pedras na mão" assim como *avoir du poil dans le nez* ou *faire des gorges chaudes* se aplicam a situações dissociadas por inteiro, respectivamente, de "papa", de "pedra", de "nariz" e de "calor". Em alemão, o verbo *verdienen*, "merecer", tem a acepção metafórica de "ganhar (dinheiro)". Que diríamos de quem traduzisse *Was verdient er?* por "Que é que ele merece?" em vez de "Quanto é que ele ganha?"

Citarei ainda o exemplo, colhido em aula, de *Diseur de bons mots, mauvais caractère*, vertido como "Quem diz boas palavras tem mau caráter". Coitado de Blaise Pascal, de quem a professora fez um apologista do palavrão! E, por fim, lembremos a expressão adverbial húngara *körülbelül* que, vertida literalmente, daria "por-dentro-por-fora", mas que equivale apenas ao nosso "mais ou menos".

É raro existirem expressões metafóricas de sentido igual em duas línguas, em geral por influência de uma língua sobre a outra: assim a *faire quelque chose par-dessus la jambe* corresponde "fazer uma coisa em cima da língua" e a *savoir sur le bout du doigt* "saber nas pontas dos dedos" (ou "na ponta da língua").

Bem mais comum é à locução metafórica de uma língua corresponder outra igualmente figurada, embora composta de elementos de todo diferentes. Assim *s'en aller en eau de boudin* é "passar em branca nuvem". Ao nosso "sem dizer água vai" corresponde em inglês *before you could say Jack*

Robinson; a "matar dois coelhos de uma cajadada" corresponde o francês *tirer d'un sac deux moutures*. Mais algumas correspondências metafóricas divergentes entre o português e o francês: estar no mato sem cachorro = *ne pas savoir à quel saint se vouer*; pagar na mesma moeda = *rendre la monnaie de sa pièce*; chover no molhado = *enfoncer des portes ouvertes*; contar com o ovo no cu da galinha = *vendre la peau de l'ours* etc. Um caso em que metáforas de duas línguas parecem contradizer-se é *être dans de beaux draps*, "estar em maus lençóis"; na verdade a oposição é apenas aparente, pois o adjetivo francês é usado ironicamente. Mas quando na língua-alvo não encontramos expressão metafórica de igual teor, vertemos a metáfora francesa ou inglesa pela explicação dela e, adotando o método da compensação, empregaremos uma locução figurada na primeira oportunidade para não empobrecer o texto. Exemplo feliz desse processo é o apontado pelo professor Mario Wandruszka[19] na tradução francesa de *Love Story*, de Erich Segal: "*What about Paris which I've never seen in my whole goddam life?*" ("*Et Paris où j'ai encore jamais foutu les pieds?*").

A metáfora pode envolver palavras e conceitos os mais diferentes. Os termos que dela participam perdem o seu significado próprio, ainda que sejam tão unívocos como, por exemplo, os termos de matemática. Por efeito do uso metafórico, "quatro" deixa de significar duas vezes dois em diversas locuções italianas como *Abbiamo fatto quattro*

---

[19]"Le bilinguisme du traducteur", in *Languages,* Didier-Larousse, n° 28, dezembro de 1972.

chiacchiere ("Batemos um bom papo"), *Gliene disse quattro* ("Disse-lhe umas verdades na cara"), *Facciamo quattro passi* ("Vamos dar alguns passos"). Como se vê, esse "quatro" italiano é tão pouco determinado como o "sete" alemão na expressão *seine sieben Sachen zusammennehmen* ("juntar os seus trecos") ou o "sete" português em locuções como "os sete fôlegos do gato", o "homem de sete instrumentos" ou "pintar o sete", ou como os numerais franceses das frases feitas *faire les cent coups* ("levar vida desregrada") e *faire ses trente-six mille volontés* ("fazer o que lhe dá na veneta").

Em certos casos o tradutor tem de fazer caso omisso da tabuada. Como admitir que meio é igual a um? Pois, para dizer que um homem tem uma só perna ou uma só mão, o húngaro dirá "homem de meia perna" ou "de meia mão", sem dúvida como reminiscência de uma visão particular em que as partes do corpo em número de dois eram consideradas uma unidade; e designará naturalmente o caolho como "o homem de meio olho".

Conhecer o sentido das metáforas que se tornaram locuções figuradas nem sempre é suficiente, pois podem surgir armadilhas, como num verso de Victor Hugo, "*Le poème du Jardin des Plantes*", onde aparece a expressão idiomática *avaler des couleuvres*, que, em português, equivale mais ou menos a "comer da banda podre". Só que nos dois versos,

> Il blesse le bon sens, il choque la raison
> Il nous raille: il nous fait avaler la couleuvre.

o poeta só usa um dos elementos do clichê *(avaler)* em sentido figurado, enquanto o outro *(couleuvre)* aparece em sentido concreto. Assim, no trecho, a locução terá de ser traduzida por "aceitar a cobra".

Em todo caso, o problema das metáforas lembra-nos mais uma vez que não estamos traduzindo palavras, mas sentenças. Noutros termos: o bom tradutor, depois de se inteirar do conteúdo de um enunciado, tenta esquecer as palavras em que ele está expresso, para depois procurar, na sua língua, as palavras exatas em que semelhante ideia seria naturalmente vazada.

3. OS LIMITES DA TRADUÇÃO

Os meios complementares da linguagem: recursos outros que não a palavra. Utilização diferente dos sinais de pontuação. Os pontos de exclamação e de interrogação. Papéis desempenhados pelo travessão. Expressividade das aspas. Citações disfarçadas. Maiúsculas e minúsculas ideológicas. Pontuação individual. Reticências. Significado dos tipos de letras. Escolha de um alfabeto de preferência a outro. Valor conceptual da ordem das palavras. Quando se traduz o não dito e se omite o dito. Mensagem em palavras não nocionais: artigos, pronomes, numerais, conectivos. Questões de tratamento: axiônimos, verbos de cortesia. Palavras estrangeiras.

O CAPÍTULO ANTERIOR, em que se tratou de falsos amigos, homônimos, parônimos, sinônimos, holófrases, metáforas e locuções, poderia ter dado a algum leitor distraído ou apressado a impressão de que traduzir é vencer uma série de dificuldades isoladas, encontrando equivalências para cada palavra ou expressão do original. Esta impressão, porém, não seria justa.

Lembre-se primeiro que, para transmitir uma mensagem, a pessoa falante não se serve exclusivamente de palavras; a comunicação é completada pela entoação, por gestos e por jogos fisionômicos. Cada língua faz uso diverso desses meios complementares da linguagem.

A entoação, por exemplo, desempenha papel capital na língua monossilábica que é o chinês, no qual três, quatro ou cinco homônimos se distinguem apenas pela altura do tom. A nenhuma outra língua parece aplicar-se melhor o ditado: *C'est le ton qui fait la musique.*

A gesticulação excessiva é típica de italianos e judeus: é quase impossível falar italiano ou iídiche com as mãos nos bolsos.

Em compensação, o japonês falado parece abrir mão quase completamente dos gestos, assim como do jogo fisionômico; em Tóquio, assisti a um banquete em que todos os oradores falavam sem sequer uma contração dos músculos da face.

A observação ou não de certos ritos, hábitos e convenções sociais é também um complemento da linguagem falada. Entrar num quarto de chapéu na cabeça e charuto na boca exprime menosprezo, pouco caso ou até hostilidade. Trajes de luto são um aviso para que se respeite o estado de ânimo de quem os veste. Não oferecer cadeira a um visitante significa que o dono da casa não faz questão de prolongar-lhe a permanência. Essas práticas, embora generalizadas, nem sempre são as mesmas. Cada comunidade, cada povo tem algumas que lhe são particulares. Elas já foram capituladas sob denominação de "linguagem silenciosa", título de um livro norte-americano[20] segundo o qual a ignorância dessa linguagem seria em parte responsável pela antipatia que rodeia, no mundo, os compatriotas do autor.

Pois a língua escrita também possui recursos acessórios além das palavras. São, em primeiro lugar, os sinais de pontuação. Ocorrem de imediato, como exemplos de expressividade manifesta, os pontos de exclamação, da mesma forma que os de interrogação, destinados a ajudar o falante a ajustar a entonação (e nisto o requinte castelhano de usá-los dobrados, antes e depois da frase, constitui aperfeiçoamento engenhoso), mas também o ledor a melhor perceber o significado de uma sentença.

Mas, assim como os elementos da linguagem silenciosa, os sinais tipográficos podem mudar de sentido conforme o país. Sabe-se que a cor do luto em certos povos é o branco; e que o abanar da cabeça de cima para baixo, que entre nós quer dizer sim, na Turquia quer dizer não. Da mesma forma, numerosos sinais gráficos sem conteúdo conceptual têm emprego diferente nas diversas línguas.

Em livros brasileiros, por exemplo, o travessão é usado com grande frequência para marcar o início e o fim de uma fala. Nos livros franceses, ele abre a fala sem fechá-la, o que às vezes pode causar uma pequena confusão. Nos livros ingleses, ele não indica nem o começo nem o fim da

---

[20]Edward T. Hall. *The Silent Language,* Greenwich, Conn., A Premier Book. Fawcett Publications Inc., 1965.

fala (marcados ambos por aspas), ficando seu uso restrito a marcar uma pausa (de suspensão, surpresa ou espanto) ou a introduzir uma proposição incidente.

Interessante observar como numerosos tradutores e editores ainda não perceberam essa divergência, a tal ponto que em seus trabalhos reproduzem servilmente a praxe inglesa. Quando pouco, a sua falta de atenção dificulta a padronização de nossa produção impressa.

Lembremos a esse respeito que em russo cabe ao travessão um papel muito especial. Em frases nominais ele é posto entre o sujeito e o predicativo como sucedâneo da cópula, expressa noutras línguas pelo verbo "ser". Assim: *Ia totchás potchúvstvoval, tchto etot tcheloviék — Khristós*, "Eu logo senti que esse homem era o Cristo".[21]

Ai do tradutor que ignore essa praxe singular!

Bom exemplo da expressividade dos sinais tipográficos é o caso das aspas. Além de encerrar uma citação e delimitar títulos, elas têm também um uso ideológico quando denunciam apropriação indébita, falsa qualidade. O enunciado "A casa do sr. João" muda de sentido segundo coloco as aspas nas duas extremidades (indicando provavelmente o título de um livro, artigo, filme) ou encerro entre elas apenas a palavra "casa" (querendo dizer que não é casa, mas algo muito mais insignificante, digamos uma choupana, ou algo bem mais importante, como seria um palácio — e

---

[21]Turguenev, citado por André Mazon em *Grammaire de la Langue Russe*, 2ª ed., Paris, Droz, 1945, p. 289.

ao mesmo tempo nos informando do caráter exibicionista ou modesto do proprietário), a palavra "do" (pondo em dúvida os seus direitos de propriedade), a palavra "senhor" (deixando entender que ele não passa de um pé-rapado) ou a palavra "João" (quando então exprimiria dúvida sobre se é este o verdadeiro nome do indivíduo ou informaria tratar-se de um pseudônimo). Talvez devido a essa complexidade, muita gente de pouca instrução usa as aspas à toa, atribuindo-lhes função honorífica ou decorativa. Não é raro pessoas colocarem entre aspas a própria assinatura.

Não sendo o uso expressivo das aspas privilégio do português (a não ser nesta última redundância), ainda assim ele exige a atenção do tradutor, que deve descobrir o motivo do seu emprego. O maior problema consiste, na verdade, em percebê-las onde o autor não as pôs por não julgá-las necessárias, por exemplo em citações que ele justificadamente supõe serem de conhecimento geral.

Cada obra literária é o último elo de uma longa evolução e, de certa maneira, é baseada em todas as obras anteriores da mesma literatura. Eis por que, em línguas cujo uso culto possui longa e forte tradição, como, por exemplo, o inglês e o francês, mesmo textos não literários, desprovidos de ênfase, e até textos de caráter técnico, científico ou comercial, são entremeados de reminiscências literárias, não distinguidas por nenhum sinal especial dentro da página impressa. Por fazerem parte da memória nacional, tais sentenças e versos têm forte carga afetiva, que desaparece se o tradutor os servir a seus leitores sem qualquer advertência, nem um par de aspas sequer. Alguns desses excertos são universalmente conhecidos, outros apenas dentro dos limites de uma comunidade linguística. Cabe ao tradutor descobrir a citação, verificar a qual desses dois tipos ela pertence e achar meio de a destacar se pertencer ao segundo tipo. Mas para isso é preciso que ele, graças à sua cultura, esteja em condições de dar com ela. Ditos de Goethe e Schiller são os que mais frequentemente se encontram em obras de língua alemã; frases de Molière e La Fontaine, as que mais facilmente ocorrem a um autor francês; Shakespeare é o tesouro inesgotável de todo escritor inglês; Dante é o autor mais lembrado pelos italianos, Cervantes, pelos espanhóis.

Proust, em certo trecho, reproduz uma conversação de várias pessoas diante do Grande Hotel de Balbec:

> — Oh! elles s'envolent, s'écria Albertine en me montrant les mouettes qui, se débarrassant pour un instant de leur incognito de fleurs, montaient tous ensemble vers le soleil.
>
> — Leurs ailes de géant les empêchent de marcher, dit Mme de Cambremer, confondant les mouettes avec les albatros. (*A la recherche du temps perdu*, II, 814.)

O irônico sabor desse trecho consiste no fato de a sra. Cambremer, esnobe e pretensiosa, citar desastradamente um verso de Baudelaire que todo leitor francês identifica à primeira vista.

Na excelente versão brasileira de *Em busca do tempo perdido*, a tradução de *Sodoma e Gomorra*, que contém esse trecho, coube ao poeta Mário Quintana.[22] Como nessa publicação da Editora Globo não havia notas explicativas, ficaria esquisito incluir aqui uma explicação ao pé da página; mas o tradutor saiu-se bem incluindo a observação da sra. de Cambremer entre aspas, que alertam mesmo o leitor não familiarizado com a literatura francesa quanto ao esnobismo da personagem.[23]

Analisando, em seu livro *S/Z*, *a* novela *Sarrasine* de Balzac, Roland Barthes mostrou com que frequência o pai do realismo reproduzia não o real, mas apenas uma projeção do real, pelo consumo extraordinário que fazia de reminiscências livrescas. O grande número dessas referências culturais, em sua maioria inacessíveis ao leitor de hoje, forçou-me há tempos a explicitá-las em milhares de notas apensas à edição brasileira d*A comédia humana*, que orientei.[24]

Muitos outros autores fazem uso de citações disfarçadas. Eis dois exemplos apanhados a esmo em Mérimée. O primeiro está no começo de *Colomba*:

---

[22]Dou aqui o trecho em português:

"— Oh, elas voaram! — exclamou Albertina mostrando-me as gaivotas que, desembaraçando-se por um instante de seu incógnito de flores, subiram todas juntas para o sol.

— 'As asas de gigante impedem-nas de andar' — citou a sra. Cambremer, confundindo as gaivotas com albatrozes." (*Sodoma e Gomorra*, Globo, 1957, p. 171.)

[23]Encontrei outra citação não explícita ao mesmo soneto de Baudelaire numa obra não literária, *Expedition famous, a trois mille mètres sous l'Atlantique*, onde se lê: "*Les marins sont de merveilleux badauds. Ils peuvent passer des heures a regarder flotter une caisse, évoluer un marsouin ou planer les vastes oiseaux des mers.*" Aqui o tradutor brasileiro teria de incluir após a tradução de *planer* as palavras "os albatrozes".

[24]Cf. mais adiante o capítulo "A Operação Balzac".

Miss Lydia s'était flattée de trouver au-delà des Alpes des choses que personne n'aurait vues avant elle et dont elle pourrait parler avec les honnêtes gens, comme dit M. Jourdain.

O tradutor brasileiro não se pejou de observar, ao pé da página, que se tratava do "burguês metido a gentil-homem de Molière".[25]

O segundo está em *A Vênus de Ille*. O orgulhoso descobridor de uma estátua antiga, ao ouvir comentar-lhe a feroz beleza, exclama: "*Cest Vénus tout entière à sa proie attachée.*" A frase é bem mais significativa para quem se lembra do contexto de onde é tirada, a patética confissão de Fedra, na tragédia de Racine. Em sua tradução, Ondina Ferreira[26] não explicita a citação, nem a destaca por meios tipográficos; Aurélio Buarque de Holanda Ferreira e eu, na nossa,[27] utilizamo-nos de ambos os recursos.

Vejamos agora um trecho curioso pescado num autor de nossos dias, Robert Merle. Em seu romance *Madrapour*, passageiros de um avião, que acabam de ser saqueados por um pirata, resolvem jogar pôquer — com vales, pois ficaram sem dinheiro.

---

[25]Prosper Mérimée. *Novelas completas.* tradução de Mário Quintana, Porto Alegre, Globo, 1960.

[26]Prosper Mérimée. *Histórias Imparciais*, São Paulo, Cultrix, 1959, p. 150.

[27]*Mar de histórias. Antologia do conto mundial*, Rio de Janeiro, Nova Fronteira, 1980, vol. III, p. 153.

— Qui a du papier? — dit Pacaud d'un air qu'il s'efforce de rendre enjoué et en promenant son regard sur le cercle.

Personne, apparemment, ne s'en est muni sauf Caramans, qui a dans sa serviette, je l'ai vu, un bloc-notes vierge mêlé à ses dossiers. Mais Caramans, la paupière à mi-course, la lèvre revée, ne bronche pas, soit que la fourmi ne soit pas prêteuse, soit qu'il désapprouve les jeux d'argent.[28]

O tradutor que ignorar a fábula da Cigarra e da Formiga, de La Fontaine, não perceberá as aspas inexistentes e não entenderá a frase.

Note-se a esse respeito que muitas vezes o acervo de remissões culturais constituído pelas citações e alusões não se restringe necessariamente ao setor da mesma comunidade linguística. O romance russo do século passado contém frequentes referências ao patrimônio cultural francês; por sua vez, a literatura francesa dos séculos XVII e XVIII pressupõe o conhecimento dos clássicos da Antiguidade. Como se vê, do coitado do tradutor, tão malpago, exigem-se conhecimentos enciclopédicos, quase universais.

O emprego de iniciais maiúsculas ou minúsculas não raras vezes obedece a intenções que o tradutor deve saber descobrir. A maiúscula de cortesia é recurso comum da língua italiana, que chega ao bizantinismo de utilizá-la até no meio de palavras, enfeitando com ela os pronomes enclíticos.

---

[28]Robert Merle. *Madrapour,* Paris, Editions du Seuil, 1976, p. 211.

Um exemplo curioso está neste trecho de Antonio Fogazzaro, em que um padre se dirige ao seu penitente:

> Bisogna che la Sua cella sia nel Suo cuore, nel piú interno dei Suo cuore. Si, caro, pianga di dolore, ma pianga pure di tenerezza. Vi é Qualcuno che gliela prepara, in questo momento, la cella, che vi si dispone ad aspettarLa, che Le dice di venire a Lui, di abbandonargli il capo in senso, perchè ha tanta pietà di Lei, perchè vuol perdonarLe tutto, tutto, tutto.[29]

Note-se que a maiúscula honorífica se refere ora a Deus ora ao interlocutor; e que, por um pedantismo ortográfico, usa-se apenas nos pronomes começados por *l*, mas não nos começados por *g*. É de temer que os efeitos de filigrana tão cuidadosamente preparados pelo autor de *Pequeno mundo moderno* venham a se perder em toda e qualquer tradução, pela inexistência de semelhante requinte gráfico.

Sabemos que os simbolistas costumavam grafar com maiúscula certos substantivos; a Morte, a Dor, a Vida. Ora, um tradutor alemão de Baudelaire teria de renunciar a esse expediente meramente visual, pela simples razão por que o alemão até hoje escreve todos os substantivos com maiúscula. Essa particularidade, que teve início na tradução da Bíblia por Lutero, ao que parece conseguiu perpetuar-se, em parte, porque o nome tradicional do substantivo em alemão é *Hauptwort*, isto é, "palavra principal". A conser-

---

[29]Antonio Fogazzaro. *Piccolo mondo moderno,* Milão, Hoepli, 1928, p. 77-78.

vação ou supressão dessa anomalia é até hoje o ponto mais discutido da reforma ortográfica alemã.[30]

Por ser a maiúscula inicial defendida pelo tradicionalismo, muitos poetas iconoclastas da Alemanha do primeiro quarto do século XX, entre eles Stefan George, adotaram a inicial minúscula de maneira generalizada. Este sinal de inconformismo, porém, perde-se inteiramente na tradução em qualquer outra língua europeia, pois nenhuma delas distingue hoje os substantivos pelo destaque da letra inicial. Os países escandinavos, que durante muito tempo seguiram a praxe alemã, acabaram abrindo mão dela. O último a aboli-la foi a Dinamarca, em 1948, em parte sob a influência da Suécia e da Noruega, em parte devido à antipatia provocada pela ocupação nazista. Curioso pensar que a manutenção ou o abandono de uma simples prática ortográfica possa tornar-se indício de mentalidade política.

Ainda a esse respeito, vale a pena lembrar que escrever o pronome de primeira pessoa com minúscula é erro ortográfico em inglês; escrevê-lo com inicial maiúscula seria sinal de arrogância em qualquer outro idioma. Escrever com inicial maiúscula os adjetivos pátrios quando usados substantivamente (*un Français, la Parisienne*) é regra em francês, mas que evidentemente não devemos adotar em nossas traduções vernáculas.

---

[30]Ainda recentemente, em 13 de janeiro de 1974, a *Neue Zürcher Zeitung* cedeu suas colunas a um exaustivo debate do problema, em que foram expostos os argumentos principais a favor de ambas as soluções.

Em contrapartida à maiúscula honorífica, assinalemos a minúscula ofensiva com que se iniciava tantas vezes entre nós, até há pouco, o nome do adversário em polêmicas eleitorais e até filológicas; e acrescentemos que grafar o nome de Deus com maiúscula ou minúscula pode denotar às vezes atitude filosófica.

Voltando aos sinais de pontuação, notemos que os hábitos de pontuação variam de língua para língua. É preciso conhecer a praxe do idioma de que se traduz para não impor ao texto os costumes daquele para o qual se traduz. Ao contrário, quando um autor adota pontuação pessoal, divergente da em geral adotada, o bom tradutor tentará conservar essa particularidade em sua versão.

A respeito do travessão observa Aila de Oliveira Gomes que

> em Emily Dickinson o travessão não pontua apenas (embora possa valer por qualquer tipo de pontuação — vírgula, dois-pontos, reticência, ponto, parágrafo etc.); ele pode também servir para enfatizar o que segue, ou mesmo o que precede; ou, segundo a maioria dos críticos, para marcar pausas de leitura, numa espécie de notação musical. Em raros casos, ele pode substituir as interrupções de pensamento, no que ele se detém em busca da melhor palavra ou do melhor arranjo sintático, anotando assim como que o processo, ou o ritmo da própria composição.

Por ser característica da autora, e não do idioma, essa praxe deverá ser repetida pelo tradutor.

(Fazem parte do anedotário histórico certas frases em que a supressão da pontuação importava numa ambiguidade intencional. Muitas respostas da Sibila e de outros oráculos da Antiguidade têm sentidos diametralmente opostos de acordo com a pontuação usada ou omitida. Lembro-me da astúcia lendária de certo primaz húngaro que, convidado a conspirar contra a vida da rainha, teria tentado eximir-se de responsabilidade mandando aos conspiradores esta resposta: *Reginam occidere nolite timere bonum est si omnes consentiunt ego non contradico*, o que, de acordo com os sinais de pontuação que nela se pusessem, podia ser interpretado como consentimento ou protesto.)

Exemplo de pontuação não individual, característica de uma língua, é a omissão das vírgulas em enumerações italianas: *Era alto biondo simpatico*, ainda frequente apesar de os gramáticos a desaconselharem.[31] Não há motivo para arremedar esse uso em qualquer outra língua.

Em húngaro, usa-se obrigatoriamente vírgula antes da conjunção equivalente ao nosso "que", peculiaridade essa que naturalmente não seria transposta em português.

O processo é diferente, como vimos, no caso de escritores de tendências artesanais que adotam pontuação própria. Caso frequente é a supressão completa de qualquer

---

[31]L. Morandi e G. Cappuccini. *Grammatica Italiana,* G. P. Paravia & C. Torino, 1926, p. 269.

pontuação na transcrição da fala de pessoas ignorantes, como no conto "A confissão de Leontína", de Lygia Fagundes Telles, ou no de cartas de gente simples, semianalfabeta, como vemos nalgumas cartas do *Cabinet noir*, de Max Jacob, e que o tradutor inteligente respeitará. É, por outro lado, de conhecimento geral que muitos poetas modernos — entre eles Guillaume Apollinaire — abrem mão de toda e qualquer pontuação, sem dúvida para acentuar o que o discurso poético tem de impreciso e indeterminado.

O romancista espanhol Valle-Inclán usava frequentemente os dois pontos, seguidos de maiúscula, com valor de ponto e vírgula, como nesta descrição de um sarau de cassino:

> La charanga gachupina resoplaba um bramido patriota: Los cabos tresillistas dejaban en el platillo las puestas: Los carriles del dominó golpeaban con las fichas y los boliches gaseosas: Los del billar salían a los balcones blandiendo los tacos.[32]

Lembremos outro emprego não menos individual e muito expressivo desse mesmo sinal no título do grande livro de nosso Guimarães Rosa, *Grande sertão: veredas*.

Vários autores, como por exemplo Gilberto Freyre, fazem uso pessoal das reticências. Léon-Paul Fargue

---

[32]*Tirano Banderas,* segunda parte, Livro I, cap. III.

conseguiu, à custa de esforços tremendos, contrariados pelas tendências dos revisores formados pelo ensino primário obrigatório, reticências de apenas dois pontos. Mestre Aurélio Buarque de Holanda Ferreira propõe que pelo número de pontos se opere uma distinção entre as reticências que indicam uma suspensão do pensamento (três pontos) e as que substituem a parte omitida de uma citação (quatro pontos), que ele chama de interpontuação.

Outra característica formal da página impressa, que pode revelar intenções aos olhos do leitor atento, é a escolha da letra tipográfica. Entre nós o grifo serve sobretudo para destacar palavras ou frases em língua estrangeira ou títulos em português, e menos geralmente para pôr em relevo um elemento importante. Mas não temos o hábito, observável no inglês e noutras línguas germânicas, de marcar com letra inclinada a entoação da palavra, como se vê nestes exemplos do *David Copperfield*, de Dickens:

> I am a determined character, said Mr. Creakle; that's what I am. I do my duty; that's what *I* do (cap. VII).

> *I* am not afraid of him: *I* am not proud; *I* am ready to take care of him (cap. XIV).

> Does *he* keep a school? (cap. XV).

Procurei verificar na tradução brasileira mais popular como o problema fora resolvido. Nos dois primeiros exemplos, o tradutor simplesmente não levou em consideração o grifo, e no último exemplo, suprimiu toda a frase sem mais nem menos. Outras vezes, tradutores nossos conservam escrupulosamente o grifo enfático, como o autor de uma recente versão de *Josefina*, romance infantil da sueca Maria Gripe. Mais acertada me parece a praxe da equipe de tradutores franceses que, chefiada por Léo Lemonnier, consegue por meios não tipográficos o efeito visado, assim:

Je suis un homme décidé, dit M. Creakle. Voilà ce que je suis. Je fais mon devoir. Voilà ce que je fais, moi.

Je n'ai pas peur de lui, moi; je ne suis pas vaniteuse, moi; je suis prête à le soigner, moi.

Est-ce lui qui tient une école?

Tampouco temos o hábito, observável em livros alemães, de espaçar as letras das palavras em destaque, praxe tipográfica conhecida sob o nome de *g r i f o   a l e m ã o*.

São minúcias, dir-se-á. Mas a tradução é o mundo das minúcias.

Nos países que dispõem de vários alfabetos, a adoção de um ou outro pode corresponder a intenções que é impossível transportar para a tradução. Na Alemanha do começo do século XX, era sinal de progressismo adotar o alfabeto romano (*Rundschrift* ou *Antiqua*); durante o regime de Hitler, caracterizado por paroxismo nacionalista, houve uma volta à escrita gótica (*Eckenschrift* ou *Fraktur*), bem mais complexa e de leitura mais cansativa.[33]

No Japão, os alfabetos silábicos, de relativa simplicidade e poucos sinais, são usados apenas em textos de utilidade prática; a escolha de alfabeto ideográfico, de origem chinesa, com seus três mil e tantos caracteres, é um sinal da complexidade do texto.

Outros componentes de um texto, que inegavelmente modificam o sentido do enunciado, embora não consistam em vocábulos, são elementos estruturais aos quais possivelmente não corresponde nada semelhante na língua-alvo. Esta então há de fazer uso de recursos sintáticos.

Um meio de explicitar ou matizar a comunicação é a ordem de colocação das palavras na frase. Nem todas as línguas tiram deste recurso os mesmos efeitos, nem o exploram na mesma extensão. Há idiomas como o francês em que essa ordem é bem fixa; outros, como o latim, em que reina liberdade quase total quanto à colocação das palavras.

---

[33]A respeito do efeito que um alfabeto estranho pode exercer no espírito do leitor, encontro na *História de Serguei Petrovitch*, de Leonid Andreiev, um trecho eloquente. (O protagonista do conto, alma simples, se deixa conquistar pelas ideias de Nietzsche, em particular pela doutrina do super-homem, que acabará por levá-lo ao suicídio. Vive decorando-lhe páginas inteiras.)

"O fato é que na tradução, por melhor que fosse, os aforismos perdiam muito de sua força; tornavam-se excessivamente simples e claros, como se em sua profundeza misteriosa transparecesse o chão; ao passo que, quando Serguei Petrovitch contemplava a escrita gótica das letras alemãs, percebia em cada frase, além do sentido propriamente dito, algo que não se podia exprimir com palavras, e a profundeza transparente escurecia-se e não mais deixava entrever o chão."

Die Lüge, ausgewählte Geschichten von Leonid Andrejev, tradução de Nadja Hornstein, Dresden-Leipzig, Verlag Heinrich Minden, s.d., p. 78.

Mas liberdade não quer dizer indiferença. O sentido de um enunciado modifica-se conforme o lugar que nele cabe a determinada palavra.

O provérbio *Manus manum lavat* poderia também ser enunciado na ordem *Manum manus lavat,* ou ainda nesta *Lavat manus manum,* e outras mais. Sabendo que a ordem comum em latim queria o sujeito na frente e o verbo no fim, podemos mais ou menos conjeturar como essas variações da ordem modificavam o sentido aos ouvidos de um romano. O objeto direto à frente da frase ganha certo destaque, acentuando que a mão lavava era a outra mão e não um pé, por exemplo. Quando é o verbo que principia a sentença, é ele que é posto em relevo: acentua-se que o que uma das mãos faz com a outra é lavá-la e não sujá-la. Tais malabarismos são impossíveis em línguas sem declinação, como a nossa, que é forçada a recorrer a circunlóquios. A declinação e as facilidades de colocação que dela decorrem permitem ao latim um laconismo que talvez nenhuma outra língua possa alcançar. São também elas que tornam possível a compressão de qualquer pensamento dentro dos esquemas complicados da versificação clássica, graças ao número praticamente infinito de permutações a que as palavras podem ser submetidas.[34]

À mente latina e mesmo à anglo-saxônica, a ordem das palavras numa frase alemã parece a um tempo cômica e

---

[34]Ao mesmo tempo que elemento de precisão na prosa, a colocação das palavras no verso latino pode ser fator estético às vezes requintadíssimo, como neste dístico do *Culex:*

At volucres patulis residentes dulcia ramis
Carmina per varios edunt resonantia cantus.

— Fator estético de que o tradutor há de abrir mão fatalmente.

absurda. Aqui vai a tradução literal de uma frase das *Conversações de Eckermann com Goethe*[35] com a ordem das palavras mantida tal qual:

> Nós temos entretanto no pequeno vale descido onde a estrada de madeira, por um telhado coberta ponte passa, debaixo da qual as em direção de Hetschburg descentes águas pluviais se um leito tinham feito, que agora seco estava.

Essa é a ordem natural da língua alemã, que o tradutor evidentemente há de alterar de acordo com a ordem natural do português. Ele, porém, tem de possuir em si o sentimento dessa ordem, para perceber qualquer alteração que poderia alterar o sentido.

Citemos a esse respeito a belíssima quadra de Goethe, em que Fausto, aceitando o pacto infernal oferecido por Mefistófeles, jura que nunca se dará por satisfeito e autoriza o Demo a destruí-lo se o fizer.

> Werd ich dem Augenblicke sagen:
> Verweile doch! du bist so schön!
> Dann magst du mich in Fessein schlagen,
> Dann will ich gern zugrunde gehn.

---

[35] "Wir ware indes das kleine Tal hinabgefahren, wo die Strasse durch eine hölzerne, mit einem Dache überbaute Brücke geht unter welcher das nach Hetschburg hinabfliessende Regenwasser sich eine Bette gebildet hat, das jetzt trocken lag." Eckermann, *Gespräche mit Goethe,* Potsdam, Gustav Kiepenheuer Verlag, 1920, vol. I, p. 228.

Ao tradutor familiarizado com a língua não escapa, logo no início da quadra, a inversão do sujeito e do verbo, meio este com que o alemão pode indicar o caráter condicional da afirmação, em vez de explicitá-lo por uma confirmação equivalente ao nosso *se*.[36]

Daí a tradutora Jenny Klabin Segall ter vertido assim a passagem:

> Se vier um dia em que ao momento
> Disser: Oh, para! És tão formoso!
> Então algema-me a contento,
> Então pereço venturoso.

Sem examinarmos outros componentes do trecho, diremos apenas que a tradutora, ao introduzir a conjunção *se*, deu ao período uma forma condizente com o uso da nossa língua.

Já outro tradutor brasileiro, que, em vez de eneassílabos, adotou versos alexandrinos para neles caberem todas as nuanças do original, manteve a aparência de oração independente da primeira sentença:

> Devo sempre clamar ao momento fugaz:
> Aguarda! Tu és lindo! Espera! Não te vás!
> Podes agora, sim, manter-me na prisão!
> Mergulho com prazer em toda a perdição.

---

[36]Compreendeu-o Gérard de Nerval (*Théâtre de Goethe*, Plêiade, 993), quando pôs na sua famosa tradução, elogiada pelo próprio Goethe: "*Si je dis à l'instant: Reste donc, tu me plais tant! alors tu peux m'entourer de liens! Alors je consens à m'anéantir!*"

e, conservando-se aparentemente fiel à estrutura gramatical, obnubilou por inteiro o sentido.

O mesmo se vê numa terceira tradução brasileira, onde nem sequer a imposição do verso pode ser alegada, pois o drama goethiano foi vertido em prosa:

> Direi ao tempo que foge: Demora eternamente. És tão lindo! Podes então algemar-me, que me arruinarei com prazer.

O que aconteceu foi os dois últimos tradutores terem vertido escrupulosamente as palavras constantes do texto. Não lhes ocorreu que o sentido de um enunciado não é a mera soma dos vocábulos que o compõem. Desta vez, porém, a inversão deveria tê-los advertido da necessidade de, em português, completarem a sentença.[37]

Muitas vezes, porém, mesmo semelhante memento estrutural faz falta; aí só a convivência com a língua-fonte pode advertir o tradutor de que há elementos subentendidos.

---

[37]Entretanto construções tais, corriqueiras até hoje no alemão de todos os dias, não faltam nem em inglês, nem em francês. Veja-se esta frase de Dickens:

> "I assure Mr. T. T. that I would not intrude upon his kindness, were I in any other position than on the confines of distraction." (*David Copperfield*, cap. XLIX)

ou esta quadra de La Fontaine:

> Ne faut-il que délibérer,
> La cour en conseillers foisonne:
> Est-il besoin d'exécuter
> L'on ne rencontre plus personne.
> ("Conselho tido pelos Ratos")

Assim, em latim ocorrem amiúde sentenças sem cópula, tais como *Periculum in mora*. "O perigo [está] na demora", ou outros enunciados com reticência, como, por exemplo, *Condito sine qua non*, "Condição sem a qual [não se conclui negócio]", ou ainda *Panem et circenses*, "[Queremos] pão e jogos de circo", que não devem constituir dificuldade maior para um profissional com alguma tarimba.

Mas o tradutor inexperiente, o mesmo que por instinto se limita a verter os elementos visíveis de uma sentença, mais de uma vez cairá no erro contrário, traduzindo vocábulos apenas expletivos. Ainda que não empaque no falso artigo definido (meramente eufônico) deste período francês, *Si l'on me cherchait, dites que je ne suis pas là*, "Se me procurarem, diga que não estou", será capaz de traduzir o *que* nestoutro: *Quand je souffrais du foie et que je sentais de fortes douleurs, le Dr. Benoît voulait me guérir par la psychanalyse*, obrigatório em francês (língua em que ele estende a vigência da conjunção *quand* à oração seguinte) mas supérfluo em português, ou nestoutro ainda: *Cest un terrible luxe que fincrédulité* (onde sua serventia está em melhor separar o predicativo e o sujeito), equivalente a: "É um luxo terrível a incredulidade?"

Pode-se considerar outro expletivo o *que* no segundo destes dois versos do "O cemitério marinho", de Valéry:

O récompense après une pensée
Qu'un long regard sur le calme des dieux!

cuja falta, em francês, diluiria o enunciado, enquanto a sua presença destaca nitidamente a novidade da identificação. Mas em português seria absurdo mantê-lo.

Bem o sentiu o poeta Darcy Damasceno em suas duas traduções publicadas sucessivamente em que tentou a difícil tarefa de trazer Valéry para o português:

> Oh, recompensa, após um pensamento,
> Um longo olhar sobre a calma dos deuses!

(Orfeu, Rio, 1949)

> E longo, o olhar, após um pensamento
> Sobre a calma dos deuses se derrama.

(Edição Dinamense, Salvador, 1960)

Podemos capitular entre os elementos estruturais de um texto a repetição, cujo significado não é o mesmo em todas as línguas. Eugene A. Nida lembra que na Bíblia, onde esse recurso é com frequência encontrado (*"Truly, truly I say you"*), está a serviço da ênfase, ao passo que em certas línguas filipinas é, ao contrário, um meio de desenfatizar a mensagem; traduzida tal qual, a frase citada passaria a significar "talvez eu diga". Ainda que seja pouco provável que um tradutor brasileiro venha a traduzir do filipino, nem por isso devemos descartar o fenômeno, que também ocorre em línguas bem mais próximas. No italiano a repetição é processo intensificador em exemplos como *mogio mogio, tratto tratto, adagio adagio, piano piano*, e não somente em expressões adverbiais; é comum uma frase como: *No no, scusa scusa, zitto zitto.* Por se tratar de característica geral da língua, não peculiar a um escritor, será preferível não copiá-la na tradução. Em húngaro é comum, também com intuito intensificador, a repetição do verbo.

Esses exemplos mostram que todo texto é alguma coisa mais do que a simples soma das palavras que o compõem. O que devemos traduzir é sempre algo mais, isto é, a mensagem. E não há duas línguas que exprimam uma mensagem de certa complexidade de modo completamente igual. A língua A ora explicita algo que na língua B fica subentendido; ora deixa de exprimir, por óbvio, algo que naquela exige uma ou várias palavras.

Poderíamos alinhar exemplos indefinidamente. Prefiro me limitar, porém, a palavras não nocionais, esses simples instrumentos gramaticais que "não têm sentido" e por isso parece que não oferecem problemas ao tradutor.

Tomemos um dos mais simples, o artigo definido. Essa palavrinha tão inexpressiva (a mais nova nas partes do discurso, que etimologicamente representa uma degenerescência do pronome demonstrativo) tem os seus percalços.

Enquanto a maioria das línguas em que existe o usam antes do substantivo, o romeno usa-o depois. Assim também fazem as línguas escandinavas nas quais o mesmo artigo é indefinido ou definido, segundo está antes ou depois do substantivo: sueco *stenen*, "a pedra", *ensten*, "uma pedra". Isso, porém, é apenas uma curiosidade.

O problema começa quando a língua de que traduzimos para outra dotada de artigos (como por exemplo o português) não tem artigos ela mesma. É o caso do latim. Cada vez que num texto latino ocorre um substantivo o tradutor opta, ainda que inconscientemente, entre três soluções: fazendo-o preceder de artigo definido, ou de indefinido, ou deixando-o sem artigo nenhum. Vejam-se os títulos de alguns epigramas de Marcial:

Ad somnum	Ao sono
In malum poetam	Contra um mau poeta
Ad librum	Ao seu livro
In obitum Severi	Para a morte de Severo
Ad lectorem	A um leitor.

A tradição ajuda-nos quanto aos títulos de algumas obras extensas: referimo-nos à *Eneida*, de Virgílio, aos *Tristes*, de Ovídio, às *Histórias* e aos *Anais*, de Tácito: mas dentro de um contexto mais de uma vez pode haver incerteza.

Dá-se o mesmo com o russo, como o provam alguns títulos: *Mat'*, de Gorki, traduz-se por "A Mãe", mas *Krassavitsa*, de Puchkin, é "Uma beldade" e *Stikhi krassivoi jentchtine*, de Utkin, são "Versos a uma linda mulher". Evidentemente, o tradutor russo de um texto português não enfrenta esta dificuldade; em compensação deve ter outras provenientes de alguma carência do português.

Luis B. Solomon lembra o caso curioso de um filme francês cujo autor foi obrigado pela censura a mudar o título de *La femme mariée* para *Une femme mariée*, pois o título original podia insinuar que todas as mulheres casadas praticavam o adultério! Era em 1964, quando a censura de filmes pensava ainda poder conter o erotismo. Se o título fosse em latim, observa Solomon, brincando, o autor não teria de enfrentar essa complicação.

Acontece também que o artigo ganha valor afetivo. Temos disto exemplos contínuos em português quando falamos familiarmente em o Francisco, a Célia, o Motinha, o Fernandes. Outras línguas apresentam fenômeno semelhante — apenas a conotação do nome próprio precedido de artigo é diferente. Em francês, essa associação tem sabor camponês e matiz pejorativo; em alemão tem caráter regional, pois *der* Meyer, *der* Fritz são usados no Sul, mas não no Norte da Alemanha. Mais curioso ainda o caso do italiano, em que o artigo é, regularmente, anteposto a sobrenomes ilustres: *l'Alighieri, la Duse, il Tasso.*

Os pronomes, antes elementos estruturais que nocionais, à primeira vista não deveriam apresentar problemas. Na verdade, eles constituem um cipoal, onde só se pode avançar com o maior cuidado. Os pronomes pessoais em particular estão envolvidos numa rede de convenções e complicações de hierarquia social que é impossível desenredar sem conhecimento íntimo da língua de partida. Precisamente por seu sentido ser óbvio, eles se prestam mais ao erro que os substantivos menos familiares, pois esses, pelo menos, são abordados com desconfiança.

A língua francesa é a que faz o maior consumo de pronomes pessoais sujeitos. Devido à queda das consoantes finais e ao emudecimento das vogais da última sílaba, diversas pessoas do verbo pronunciam-se da mesma forma e para se distingui-las recorre-se obrigatoriamente aos pronomes: *je parle, tu parles, il parle, elle parle, ils parlent, elles parlent*. Daí vem que a tradução francesa de um romance brasileiro terá três ou quatro vezes mais pronomes pessoais que o original; inversamente, o tradutor brasileiro de uma narrativa francesa terá de ter muito cuidado para não verter a maior parte dos pronomes que se lhe deparam no original — não só por motivos estéticos, mas também para evitar eventuais confusões.

Não é tudo. O pronome mais comum, *vous*, que pode tanto referir-se a uma como a várias pessoas, e desempenhar as funções de sujeito, objeto direto e objeto indireto, não tem equivalente exato em português, o que importa dizer que ele exige várias traduções conforme o contexto. O seu cognato *vós* só raramente pode substituí-lo; assim, na tradução de textos antigos, por exemplo do teatro do século XVII. *Você* pode apenas vertê-lo para designar pessoa da intimidade do interlocutor ou inferior a ele. Mais comumente há de ser traduzido por "o senhor" ou "a senhora". Tem, além disso, um emprego sem analogia em português: e quando, segundo as gramáticas, funciona como flexão de *on*, e quando sua tradução mais indicada é "nós". *On ne vous pardonne pas vos vertus* equivale a "Não nos perdoam as nossas virtudes".

Poder-se-ia pensar que pelo menos o francês *tu* e o nosso "tu" se correspondem perfeitamente. Mas, ao passo que *tu* é de uso exclusivo entre parentes e amigos na França, no Brasil é de uso regional e em grande parte do país se substitui por "você".

O dualismo de formas átonas e acentuadas (como *je* e *moi*, *il* e *lui*), sendo muito mais limitado em português, aparentes tautologias como *moi je pense* devem desaparecer obrigatoriamente na tradução portuguesa: "Eu penso" ou "Por mim, penso", mas o francês que traduz um livro brasileiro tem de imaginar a entonação para saber quando reproduz "eu" por *je* ou por *moi je*.

Chamemos acessoriamente a atenção para este fenômeno tão brasileiro que é a mistura de tratamento: "Vocês conhecem as vossas obrigações", e que, sendo comum nas pessoas de cultura deficiente, é um indício de *status* social. Como semelhante fenômeno não existe nem no francês nem no inglês (embora haja coisa semelhante em alemão), o tradutor do texto brasileiro para uma dessas línguas compensará a característica por outra, eventualmente de natureza léxica.

Para se ter ideia do matizamento complexo expresso na escolha dos pronomes em nossa língua, leia-se o excelente artigo de Ivana Versiani, "Tu, você (e outros pronomes) na poesia de Drummond" (*Minas Gerais, Suplemento Literário*, 18 e 25 de dezembro de 1976), em que a autora aponta efeitos de familiaridade, intimismo, humorismo, ironia e até mágoa e desespero obtidos por nosso grande poeta por meio da adoção desse ou daquele pronome ou da mistura de pronomes, e percebidos pelo leitor brasileiro ainda que inconscientemente. Pois efeitos semelhantes podem existir e nos passar completamente despercebidos em qualquer outra língua.

A passagem de *vous* a *tu*, encontradiça na literatura francesa, é de âmbito bem menos amplo e indica normalmente intimidade crescente. Na *Fedra* de Racine, a heroína começa a sua involuntária confissão de amor a Hipólito tratando-o por *vous*: "*Quand vous me haïriez, je ne me plaindrais pas*"; mas depois que ela lhe escapou toda, passa para o *tu* (embora o interlocutor não lhe partilhe os sentimentos): "*... Ah, cruel, tu m'as trop entendue.*"

Os pronomes pessoais ingleses exibem variedade menor. Na língua comum *you* é a única forma de tratamento. Subsiste, porém, na língua literária a forma *thou* e suas flexões *thee*, *thy*, *thine*, arcaica, poética e retórica. São usadas também pelos que se dirigem a Deus. Na frase final de *David Copperfield*, em que o narrador invoca a esposa, o emprego dessas formas indica um excesso de amor confinante à veneração, para o qual não possuímos correspondente:

> O Agnes, O my Soul! so may thy face be by me when I close my life indeed; so may I, when realities are melting from me like the shadows which I now dismiss still find thee near me, pointing upwards.

O efeito, é claro, desaparece na tradução brasileira:

> Ó Inês, ó minha alma! Possa esta imagem estar sempre comigo, até o derradeiro instante, quando fechar meus olhos à vida presente; ao deixar eu a realidade, como deixo hoje estas sombras queridas, possa eu vê-la ainda ao meu lado, apontando-me o céu...

Da mesma forma, só circunlóquios poderiam, talvez, traduzir uma curiosa conotação dos pronomes italiano *lei, tu* e *voi*, só teoricamente permutáveis; ora, durante o regime fascista, o partido tentou reanimar *voi*, mais arcaico, qualificando-o de mais popular que o aristocrático *lei*.[38]

Podem ser tratados aqui os chamados axiônimos, tais como "senhor", *Sir, Monsieur, Herr* etc. Embora "senhor" e "senhora" muitas vezes correspondam a *Monsieur* e *Madame*, o uso desses dois termos nas fórmulas *oui monsieur, non madame* geralmente é idiomático, isto é, não se traduz, contrariamente à tradução recente de um romance francês onde pululam frases desastradas como esta: "Muito obrigado, senhora, a senhora é muito gentil" ou "Bom-dia, senhor".[39] *Mademoiselle* tem seu equivalente em português: "senhorita", mas que evitamos usar antes de nome próprio, substituindo-o pelo axiônimo "dona", menos discriminativo. "Excelência" é de uso corrente em Portugal como forma de cortesia; quase nunca lhe corresponde o francês *"excellence"*, restrito a alguns casos bem-delimitados. Em francês uma carta dirigida a um desconhecido começará por *Monsieur*, que no inglês corrente equivale a *Dear Sir*.

---

[38] "Sob o fascismo era obrigatório tratar por *voi* os superiores e por *tu* os inferiores. A discriminação das pessoas entre superiores e inferiores, entre as classes do *voi* ou *lei* e do *tu*, persiste naturalmente até hoje." *Famiglia cristiana*, 9. IV. 1978.

[39] A simples tradução de *Madame* vocativo é apontada em Portugal também como erro: "Quantas vezes nos nossos filmes ou nas peças de dramaturgos portugueses se ouve no palco, ou na tela, um homem tratar uma senhora apenas por *senhora*: a *senhora* quer? ou a *senhora* gosta? ou outra frase do gênero, desconhecendo as regras mais elementares da educação, que nos ensinam que *senhora,* sozinha, não se utiliza sem o *dona*." "Donas, senhoras e madames", de Fausto Lupo de Carvalho no nº de 5 de outubro de 1980 do *Diário de Notícias*, de Lisboa.

Há formas verbais de deferência em várias línguas: "queira", "digne-se", *veuillez* etc. No russo popular ainda permanece a partícula de cortesia: *da-ss* "sim senhor", *niet-ss* "não senhor". Parece que o japonês é particularmente rico em desinências e até palavras correspondentes a diversos graus de deferência. É claro que na tradução de tais formas o tradutor procederá de acordo com a língua-alvo.

Entenda-se que não pretendemos esgotar o assunto, apenas exemplificar a existência de problemas de tradução onde menos esperaríamos.

Quem pensaria encontrar dificuldades como as que acabamos de assinalar no setor dos numerais, palavras de sentido claro e inequívoco? Entretanto, para o nosso adjetivo "segundo" o francês possui duas traduções, *second* e *deuxième*, que, de acordo com algumas gramáticas, muitas vezes não seriam permutáveis.

Lemos, a esse respeito, num artigo do Coronel Remu, intitulado *Et si Hitler avait gagné la guerre...*:

> Or mon ami a qualifié Deuxième Guerre Mondiale celle que les historiens dénomment généralement 'Seconde' dans l'espoir inavoué que notre planète n'en connaîtra pas une troisième, un peu comme l'on touche du bois pour conjurer le destin, remède qui semble, hélas, douteux...
> (*Les Nouvelles Litéraires*, nº 218, outubro de 1972.)

Em compensação, para os nossos numerais "setenta" e "noventa", o francês é que tem duas formas, *soixante-dix* ou *septante* e *quatre-vingt-dix* ou *nonante*, e para "oitenta" nada menos de três: *quatre-vingt*, *octante* e *huitante*, sendo que as duas últimas (assim como *septante* e *nonante*) têm indiscutível sabor regional.

Até esses modestos serviçais do discurso que são os conectivos estendem laços ao tradutor. Durante a minha permanência no Japão, conheci o tradutor japonês do meu livro *Babel & Antibabel*, professo Makio Sato, e perguntei-lhe o que achara mais difícil no seu trabalho de interpretação. Sem muito refletir, respondeu-me que eram as conjunções subordinativas, inexistentes em japonês. Lembrei-me desta informação mais tarde, quando li romances do Prêmio Nobel Iasunari Kawabata em traduções inglesa e alemã. Esta e aquela tinham um estilo entrecortado e nervoso que primeiro julguei uma particularidade do autor; o que sucedeu foi que os tradutores acharam bom imitar a falta de conectivos característica da própria língua japonesa, quando deveriam usá-los de cada vez que a índole da sua própria língua o exigisse.

Contrariamente ao japonês, é uma característica do latim clássico explicar por todos os meios as relações lógicas entre as sentenças sucessivas e fazer uso abundante das conjunções. Outro meio que ele tem para expressar a interdependência das ideias é o uso peculiar dos pronomes relativos começando sentença. São frequentíssimos rodeios como *quae cum ita sint*. Por se tratar de um traço geral da língua, devemos na tradução substituir esse por um rodeio natural em nosso idioma "Já que as coisas estão assim" (ou "assim sendo"), isto é, substituindo o relativo por uma conjunção. Perdeu-se na troca uma nuança da ideia, mas pelo menos a expressão ficou vernácula.

Se há um ingrediente da linguagem literária que parece não apresentar problema para o tradutor são as palavras estrangeiras que aqui e ali esmaltam um texto. Nos romances de Tolstói há muitas frases em francês, às vezes diálogos inteiros, nas cenas que se desenrolam na alta sociedade, onde essa língua era comumente falada. É claro que o tradutor brasileiro deve deixá-las em francês; quando muito, pode dar a tradução portuguesa ao pé da página. Mas nem sempre o caso é tão simples.

Como fará o tradutor francês que, ao traduzir um romance russo, ou mesmo brasileiro do fim do século, nele encontrar expressões francesas, que são outras tantas manifestações de requinte ou de esnobismo? Poderá observar, também em notas de pé de página, que tal expressão se encontrava em francês no original ou, se não é amigo de notas, resignar-se a perder a nuança.

Acontece, também, que duas línguas não pedem emprestadas a uma terceira as mesmas palavras e locuções. Neste caso haverá opção entre manter o termo estrangeiro com a tradução entre parênteses ou uma nota de pé de página, ou simplesmente traduzi-la.

O uso de palavras estrangeiras muitas vezes é uma afetação denotativa de *status* social. Em "Balada das três Mulheres do Sabonete Araxá", de Manuel Bandeira, lemos "As três mulheres do sabonete Araxá me invocam, me bouleversam, me hipnotizam". No romance *As meninas*, uma das personagens de Lygia Fagundes Telles serve-se volta e meia da mesma palavra híbrida *bouleversada*, de grande força caracterizadora. O tradutor francês, quando aparecer, ver-se-á em apuros, pois se empregar o termo corrente *bouleversée*, que nada tem de híbrido nem de afetado, terá perdido grande parte do efeito. O mesmo acontece na novela "Atrás da Catedral de Ruão", de Mário de Andrade, cujas personagens em sua meia-língua franco-brasileira recorrem ao inexistente vocábulo "afrosa" (*affreuse*).[40]

Semelhante dificuldade percebe John Hollander[41] no primeiro verso de *Brise Marine*, de Mallarmé, para quem o queira traduzir em inglês:

> Je partirai! Steamer balançant ta mâture,
> Lève l'ancre pour une exotique nature!

Segundo ele, traduzir o verso deixando *steamer* tal qual, acrescentando quando muito uma nota de pé de página para assinalar que no original a palavra estava em inglês, seria uma confissão de derrota. Preferiria uma palavra francesa, usada em inglês com a mesma frequência: *paquebot*.

---

[40]Num excelente estudo sobre "Francês e francesismos em Pedro Nava" (Suplemento Literário do *Minas Gerais*, 13 e 20 de setembro de 1980), Agenor Soares dos Santos arrola um sem-número de francesismos semelhantes na obra do grande memorialista, entre outros: *afublar, amenajar, bedonar, brasseria, chaperonar, devisajar, emagazinar, enjambar, harcelar, hurlar, larcínio* etc.

[41]"Versions, interpretations and performances", in *On Translation*, organizado por Reuben A. Brower, A Galaxy Book, Nova York, Oxford University Press, 1968; p. 205 e ss.

Dentro de minha própria experiência de tradutor, lembrarei que em húngaro as palavras de empréstimo têm diferente prestígio social segundo a língua de onde provêm: muitas de origem latina, que, no decorrer do tempo, desceram da *gentry* para o povo, têm sabor campesino: *penna, notárius, árkus*; as de origem alemã, usadas no meio pequeno-burguês, revestem-se geralmente de um halo cômico ou pejorativo: *Schlafrock, Zuspeis, Vater, Mutter*; enquanto as de francês — *toilette, costume, salon, boudoir* — dão impressão de aristocráticas. Impossibilitado de transmitir essas conotações pela simples reprodução das palavras em questão, o bom tradutor procurará outros meios para situar socialmente trechos do seu texto.

4. USOS E ABUSOS DA TRADUÇÃO

Apogeu e decadência da tradução entre nós. Influência prejudicial do *best-seller*. Remuneração inadequada e pressa. Escolha do original. Recurso a um texto intermediário, ou tradução de tradução. Tradução a quatro mãos. Traduções através do português de Portugal. Tradução e adaptação. Alterações e correções do original. Vantagens e desvantagens do copidesque. A tradução dos títulos, ou como verter textos sem contexto.

Nos CAPÍTULOS ANTERIORES a tradução tem sido considerada como atividade meramente intelectual, na qual as únicas dificuldades são as oferecidas pelo texto. Na prática, porém, a tradução se apresenta como uma operação de muitas faces, que envolve aspectos comerciais, técnicos, psicológicos etc. Se não os levássemos em consideração, nossas conclusões ficariam como que suspensas no vácuo.

Quem um dia escrever a história da tradução literária no Brasil há de verificar um fenômeno semelhante ao da urbanização. Nas grandes cidades europeias houve uma evolução arquitetônica lenta e progressiva, que permitiu a formação de bairros centrais de características estéticas e imprimiu a cada cidade uma imagem inconfundível. Nas nossas metrópoles a evolução foi excessivamente rápida e febril. Bairros de aspecto provinciano, sem ruas asfaltadas, nem esgotos, tiveram suas casinhas substituídas de repente por arranha-céus sem passarem pela fase intermediária. Alhures edifícios de quatro e cinco andares foram demolidos antes de atingirem o mínimo de idade previsto. Ruas inteiras desaparecem para dar lugar a viadutos, túneis, passagens subterrâneas. Quando abrimos os olhos, descobrimos que no meio dessas transformações radicais desapareceu precisamente aquilo que outrora justificava a criação de uma cidade: uma vida mais segura e mais alegre em meio às praças, às alamedas arborizadas, aos bancos das ruas, aos passeios para o *flâneur*, ao espaço vital.

A indústria editorial é, entre nós, relativamente recente. As primeiras grandes editoras começaram a surgir na década de 1930. A produção nacional não era muito abundante e diversas casas incluíram em sua programação as obras-primas da literatura mundial, em parte por verificarem que a linguagem das traduções publicadas em Portugal diferia muito da usada no Brasil, em parte porque obras do domínio público não pagavam direito autoral. Começou então um processo que nos países de cultura já se tinha concluído: a incorporação e naturalização das grandes obras de ficção, especialmente do século XIX. Era a breve idade de ouro da tradução brasileira. (Ao falarmos em ouro, referimo-nos à qualidade das traduções, não à sua remuneração, é claro.) Foi quando editoras como a Cia. Editora Nacional, Globo,

José Olympio, Melhoramentos, Vecchi, Pongetti, Difusão Europeia do Livro, lançaram coleções de obras universais. Os tradutores, embora não muito bem-pagos, podiam caprichar em suas traduções e muitos fizeram-no por amor à arte. Foi quando saíram traduções de Balzac, Dostoiévski, Dickens, Fielding, Maupassant, Manzoni, Flaubert, Proust, Tolstói, Stendhal, e outros.

Mas de uns vinte anos para cá a influência crescente dos meios de comunicação vem contribuindo para o abandono progressivo da literatura de alta classe em prol dos eventuais *best-sellers*, mesmo com prejuízo da qualidade. Depois da primeira repetição no Brasil de um êxito internacional, ...*E o vento levou*, começou a caça aos livros de grande êxito, que não acabou até hoje. Os editores tentam garantir a recuperação rápida de seus investimentos, procuram obras de escoamento certo, e para isso querem aproveitar-se da propaganda internacional, enquanto quente. Importa, pois, que a obra do momento seja publicada quanto antes e, para consegui-lo, faz-se tudo, inclusive, nalguns casos, aumenta-se o honorário do tradutor. A vítima n° 1 é o livro. Dir-se-á que a maioria dos *best-sellers* não acontece injustiça, pois não merecem tratamento melhor. Às vezes, porém, há entre eles novidades de real valor literário que, dada a pressa com que são vertidas, ficam definitivamente inutilizadas para o público brasileiro. Mesmo no caso de livros medíocres, no entanto, é de desejar uma versão correta, pois a evolução do vernáculo sofre a influência tanto de obras originais, quanto de traduções.

Enquanto isso, a publicação das grandes obras clássicas estancou. *A comédia humana* de Balzac, as obras reunidas de Dostoiévski não foram reeditadas. Fato mais triste ainda: uma caprichada edição da obra de Dickens, toda ela traduzida, está dormindo nas gavetas da Livraria José Olympio. As Edições de Ouro, que durante algum tempo reeditaram em formato de bolso as obras-primas que outras editoras tinham mandado traduzir, aos poucos renunciaram a fazê-lo.

Quer dizer que pelo menos estes dois fatores obrigam o tradutor à pressa, aqui como alhures inimiga da perfeição: a baixa remuneração, que o força a verter num dia o maior número possível de páginas, e a rapidez com que o cliente lhe reclama a mercadoria.

Sem querer lançar toda a responsabilidade à conta dos editores, nem isentar inteiramente de culpa os tradutores, devemos reconhecer que tradução feita às pressas não pode ser boa. Uma obra original pode às vezes nascer ao calor da inspiração, de um só jato, em poucas semanas ou dias, e se beneficiar disto; a tradução, porém, é sempre lavor de filigrana e não deve ser executada em cima da perna.

O que se deve desaconselhar, especialmente, é a tradução feita direto sobre o texto sem uma leitura prévia: ilude-se o tradutor que julga ganhar tempo renunciando a essa leitura, pois ela lhe permite obter uma visão global das dificuldades e fazer a seu gosto a pesquisa necessária.

Lido o original com antecedência, marcados os vocábulos difíceis, esclarecidas as alusões, ele não precisará mais interromper o seu serviço e estará em condições de executá-lo num ritmo uniforme, podendo calcular-lhe a duração com exatidão razoável.

Não basta que o tradutor leia com atenção o texto que lhe cabe verter. Convém verificar-lhe a fidedignidade, tarefa que ao editor simplesmente não ocorre. Estava eu trabalhando na Editora Globo, quando me veio ter às mãos a tradução das *Viagens de Gulliver*, de Swift, encomendada para a excelente *Biblioteca dos séculos*. Por felicidade percebi em tempo que o texto-base foi uma das muitas adaptações para crianças, e consegui impedir-lhe a composição.

Outro caso, talvez ainda pior, poderia ter acontecido na Coleção dos Prêmios Nobel de Literatura que, como sabem, destina a cada premiado um volume especial. Essa Coleção era calcada num trabalho semelhante publicado em francês por uma editora de Paris, a qual cedeu à sua congênere brasileira as ilustrações especialmente encomendadas. No caso de Sienkiewicz, não havendo tradutor que soubesse traduzir diretamente do polonês, era óbvio mandar verter do francês o famosíssimo *Quo Vadis?* E teria entregado o respectivo texto a um tradutor, se a delgadez do volume não me fizesse desconfiar de alguma manipulação. O cotejo com outra edição mostrou-me que o original fora mutilado de maneira inconcebível, havendo cortes não só em cada capítulo, mas em cada página e até em cada frase. Verificando que o romance integral só caberia em dois volumes, quando a coleção reservava apenas um a Sienkiewicz, resolvi o problema substituindo o romance por uma coletânea de contos de sua autoria.

Este caso leva-me a examinar dois problemas da tradução literária: o do recurso a uma língua intermediária quando o tradutor desconhece a língua do original, e o da adaptação.

A tradução intermediária é um mal necessário, sem o qual obras-primas vazadas em línguas exóticas ou faladas por povos numericamente reduzidos não poderiam ser divulgadas. Durante um século as obras monumentais da literatura russa só puderam chegar ao conhecimento do Ocidente graças a tradutores sobretudo franceses, cujas versões depois eram vertidas para as demais línguas. As grandes epopeias hindus, os clássicos chineses, *As mil e uma noites*, *O romance de Genji*, a literatura escandinava... tudo isso espalhou-se em traduções de segunda mão. Os inconvenientes do processo saltam aos olhos; ainda assim são inferiores aos que deveríamos ao desconhecimento total de criações tão importantes da imaginação humana.

A qualidade da tradução indireta está, logicamente, em função da do texto intermediário. Por isso a validez deste tem de ser estabelecida do modo mais cuidadoso. Porém, mesmo um texto intermediário de real valor pode dar origem a retraduções desajeitadas ou ilegíveis, quando o tradutor não sabe descobrir e contrabalançar efeitos deformadores devidos à natureza intrínseca da língua de permeio.

O francês, o intermediário preferido da literatura mundial durante séculos, é, paradoxalmente, idioma dos menos apropriados ao desempenho de semelhante tarefa. Incapaz de imitar os rodeios de outras línguas, impossibilitado de criar palavras novas por composição e alheio, em geral, ao neologismo, com recursos de derivação limitados, constitui ele um filtro que pode reter muitas características do original. Na carta-prefácio à sua tradução de *Hamlet*, André Gide queixa-se da intransigência dessa língua de estritas exigências gramaticais e sintáticas, clara, precisa e prosaica, "para não dizer antipoética".[42]

Falei noutro lugar[43] dos inconvenientes da transposição de um texto italiano através do francês.

Entre deformações causadas pela interferência de uma terceira língua estão muitas monstruosidades ortográficas na transcrição de nomes estrangeiros, especialmente russos, em que a maioria dos tradutores não segue nenhuma regra, mas adota em bloco a grafia francesa ou inglesa. Muitos outros efeitos dessa hibridização poderiam ser demonstrados. Matéria interessante para trabalhos dos cursos de tradução seria verificar, através deles, quantas obras inglesas chegaram até nós via Paris até o fim do século.[44]

---

[42]Semelhante depoimento fizeram vários profissionais no Colóquio Internacional sobre a tradução (Nice, maio de 1972). Eles sublinharam uma dificuldade inerente ao francês, "língua excessivamente precisa, mas particularmente inabalável, cujo vocabulário se abre muito pouco à flexão, à invenção, ao neologismo. Língua literária como poucas, ignora o registro popular natural, oscila entre a gíria e o preciosismo, e dá ideia bem imperfeita do jogo verbal da maioria das outras línguas. Aliás o nascimento do *franglês* bem demonstra a incapacidade quase total da nossa língua para reproduzir as noções práticas (e mesmo teóricas) que faz surgir cada dia uma civilização em estado de evolução acelerada". (BABEL, *Revue Internationale de la Traduction*, nº 4 de 1972.)

[43]*Escola de tradutores,* cap. "As Traduções Indiretas".

[44]A esse respeito, a tese de Onédia Célia de Carvalho Barbosa, *Byron no Brasil, traduções,* São Paulo, Ática, 1975, merece menção especial.

À vista desses perigos da tradução indireta, não seria preferível, no caso de originais inacessíveis ao tradutor, recorrer ao método do trabalho a quatro mãos? Explico-me: para verter um conto japonês, pedir-se-ia a um natural do Japão estabelecido no Brasil que o traduzisse, oralmente ou por escrito, ainda que de forma rudimentar, para o português, e submeter-se-ia depois essa versão a uma revisão cuidadosa, de pretensões artísticas?

Apesar de eu haver me beneficiado extraordinariamente com esse método, a que devo quase tudo quanto sei agora de português, parece-me que ele só pode ser empregado em casos muito excepcionais, quando o convidado a fazer a tradução embrionária tem manifesto interesse linguístico e alguma sensibilidade estética. A não ser isso, ele tende a considerar os limites do seu conhecimento do português como limitações da própria língua portuguesa, e, sem querer, empobrece o original de tal forma que nem o colaborador mais artista será capaz de reencontrar-lhe as riquezas perdidas pelo caminho.

Assim sendo, preferir-se-á o recurso a uma tradução intermediária que, pelo menos, foi executada por um profissional da pena, portanto mais capaz de captar as características do original e de respeitá-las. Desnecessário dizer que o tradutor deve então conhecer a fundo a língua intermediária para poder perceber o que esta, em virtude de suas próprias leis, adicionou ao texto, assim como cercar-se de todas as garantias possíveis.

A famosa versão de *Fausto* por Castilho confirma o que dissemos. Sem saber alemão, realizou ele obra artisticamente válida, bem melhor que muitas versões feitas do original, servindo-se, para tanto, de uma tradução intralinear de Eduardo Laemmert, de outra do irmão José Feliciano de Castilho, da tradução portuguesa anterior, de Ornellas, e de quatro traduções em francês. Afirma o ilustre tradutor com alguma razão:

> ... me parece questão ociosa, esta de se perquirir se um tradutor sabe ou não a língua do seu original; o que importa, e muito, é se expressou bem na sua, isto é, com vernaculidade, clareza, acerto e a elegância possível, as ideias e afetos de seu autor.

Cabe aqui assinalar um fenômeno curioso que não poderá escapar a quem um dia se dispuser a escrever a história da tradução literária no Brasil. É que frequentemente profissionais pouco escrupulosos têm escolhido para língua intermediária não o francês, nem sequer o inglês — mas o português. Convidados por um editor a verter um romance clássico tanto procuram até que descobrem numa biblioteca ou num sebo alguma tradução feita em Portugal. Aí a tarefa é substancialmente facilitada: basta modificar a colocação dos pronomes, evitar os lusitanismos fonéticos que se refletem na ortografia, substituir algumas estruturas lusas por outras familiares entre nós (assim *estar a fazer* por *estar fazendo*) e meia dúzia de vocábulos lisboetas por equivalentes daqui. Só Deus sabe quantas traduções foram feitas dessa maneira. Paradoxalmente, o tradutor plagiário admite que o seu predecessor fez excelente trabalho, e por isso vai pilhando-o sem qualquer preocupação, e ao mesmo tempo dá ideia de que esse trabalho não merece respeito, porquanto se abstém de indicar o nome de quem o fez. E assim surgiram esses volumes, em cuja folha de rosto, debaixo do nome do autor, se lê apenas: "Tradução revista por Fulano de Tal." Acontece, porém, que mesmo em Portugal tem havido tradutores ignorantes ou apressados, e que, na pressa imposta pelo prazo ou pela pobreza, preferem simplesmente deixar de lado os trechos que apresentam uma dificuldade acima da média.

O cotejo das traduções portuguesas e brasileiras de muitas obras clássicas poderá dar-nos uma primeira impressão da superioridade destas últimas, por estarem adaptadas a nossos hábitos linguísticos; mas o cotejo de ambas com o original demonstra o furto, por enquanto impune, pois até agora o tradutor não possuía direitos sobre a sua tradução.

Vimos, no caso do *Quo Vadis?*, o abuso do tradutor, que se permitiu mutilar, recortar, desfigurar o original. Pensar-se-ia que, para semelhante crime, existe penalidade, porque os direitos do autor geralmente estão reconhecidos; mas no caso de obras caídas no domínio público não há sanção aplicável. Muitas vezes a alteração se faz em nome de supostas exigências do gênio da língua para a qual se traduz; eliminam-se pormenores, julgados inúteis, reduzem-se parágrafos, suprimem-se às vezes capítulos inteiros, chegando-se a alterar o desfecho, e muitas vezes até o sentido profundo da obra. É de esperar que essa praxe de todo condenável desapareça aos poucos com o desenvolvimento da consciência profissional do tradutor: reclamando respeito para o próprio trabalho e reconhecimento de seus direitos, ele há de se tornar o defensor dos direitos do autor.

Mais de uma vez essas arbitrariedades são acobertadas pela etiqueta cômoda de "adaptação". Não se pode afirmar *a priori* que toda e qualquer adaptação seja condenável. Há gêneros em que é mais admissível do que noutros. Ela pode ser defendida com mais argumentos no teatro do que na ficção. Em todo caso a capa de um livro adaptado deveria assinalar o fato de maneira inequívoca, como o fazem os cartazes teatrais.

O setor especial da adaptação é a literatura para adolescentes. Desde muito se têm feito condensações para jovens de livros tão importantes e sérios como *As viagens de Gulliver*, *Robinson* e *Don Quijote*. Mas atualmente parece haver excesso de obras desse tipo no mercado nacional. Ora vemos encurtarem-se obras originariamente escritas para jovens, onde a adaptação era desnecessária, ora desossarem-se e domesticarem-se obras as mais adultas e trágicas (como as de Kafka), onde ela é absurda. Em ambos os casos, os editores parecem visar à facilidade de leitores de vocabulário mínimo e cultura escassa. Se não, como lutar contra a concorrência esmagadora das revistas de quadrinhos ou das novelas de televisão? Por outro lado, as obras assim adaptadas deixam de pertencer ao autor e passam a fazer parte da bagagem do adaptador, muitas vezes escritor de mérito e que assim procura complementar os seus parcos proventos. Talvez no dia em que ao tradutor forem reconhecidos direitos sobre o trabalho, se veja diminuir a pletora das adaptações, de valor cultural duvidoso.

Em geral é preferível que o tradutor se considere o procurador do autor antes que o seu colaborador. Quanto à medida de sua colaboração, as opiniões divergem. Todos concordarão em que ele pode e deve corrigir os erros tipográficos do original, eventuais trocas de palavras e confusões de nomes. Mas, segundo Valery Larbaud, não deve passar disso:

> Quem diz tradutor diz servidor da verdade: o texto a traduzir pode parecer-nos especioso, eivado de erros de julgamento ou de ideias falsas, mas enquanto texto a traduzir, edifício verbal que tem um sentido preciso, ele é verdade, e deformá-lo ou mutilá-lo é ofender a verdade.

Toda a cautela é pouca, mesmo no caso das retificações mais óbvias. Lembra Robert W. Corrigan[45] que várias personagens do teatro de Tchecov citam frases de Shakespeare de modo errado. Tradutores bem-intencionados, ao verterem esses dramas em inglês, caridosamente restabeleceram

---

[45]"Translating for actors", in *The Craft and Context of Translation*, organizado por William Arrowsmith e Roger Shattuck, Garden City, Nova York, Anchor Books, Doubleday & Company, Inc., 1964, p. 129 e segs.

as citações corretas — no que andaram errados, pois as cincadas eram intencionais. Quer dizer que a boa tradução não pode ser melhor que o original? Elsa Gress[46] admite exceções. Abrandando o tom de um texto pretensioso ou misturando sua pitada de ironia a outro texto, que seria de insuportável solenidade se traduzido fielmente em dinamarquês — língua, ao que parece, abafada, de surdina, cheia de *understatement* e de ironia —, obedecer-se-ia apenas às leis não escritas desse idioma e prestar-se-ia serviço ao original.

Falarei mais adiante de toda uma corrente recente da tradução poética que advoga a versão quase totalmente livre, mais merecedora do nome de adaptação ou de imitação, de que Ezra Pound foi um dos representantes principais. No momento quero limitar-me a alterações empreendidas por motivos não estéticos, como a operada pelo inglês Richard Francis Burton,[47] um dos tradutores de *Os Lusíadas*. Não hesitou ele em introduzir no poema camoniano toda uma estrofe de sua lavra para desafogar-se dos dissabores que lhe custara uma polêmica sobre as fontes do Nilo, que ele pretendera ter encontrado!

Na história das adaptações teatrais é notável o caso de Brecht, um dos autores que maior número de obras adaptaram representando-as com o próprio nome. Mas quando

---

[46]"The art of translating", in *The World of Translation*. Artigos apresentados na Conferência de Estudos Literários, realizada em Nova York, com o apoio da P.E.N. American Center, em maio de 1970.

[47]Frederick C. H. Garcia. *O Uraguai*. Alguns problemas de uma tradução inédita. *Minas Gerais*, Suplemento Literário, 7 de setembro de 1974.

verificava que alguma companhia teatral se permitia introduzir qualquer alteração nesses textos, Brecht era o primeiro
a chiar, a invocar os direitos sagrados do autor, a ameaçar
os infratores com protestos.[48]

Que se há de fazer, quando o texto, insuficientemente
claro para leitores de outra nação, exige explicações? Há
o recurso às notas, ao pé da página ou no fim do volume.
Tais notas atualmente são desaconselhadas em livros de ficção, onde, ao que se diz, contribuem para quebrar a ilusão,
prejudicando a identificação do leitor com a obra. Por isso
há quem recomende ao tradutor encontrar um jeito para
incorporá-las ao texto sem o sobrecarregar.

Elas porém podem parecer desejáveis em obras clássicas,
distantes de nós em tempo, lugar e espírito; como se verá
mais adiante, achei-as indispensáveis na edição brasileira de
A comédia humana de Balzac.

De qualquer maneira, é mister distinguir entre as notas
do tradutor e as do autor, quando as há, fazendo-as seguir
entre parênteses, respectivamente, das abreviaturas N. do
T. ou N. do A.

Já em obras de natureza não literária as notas de pé de
página não despertam oposição. Cumpre, porém, que elas
sejam explicativas. Em minha prática de assistente editorial
já me aconteceu encontrar tradutor que em suas glosas se
permitia discutir com o autor ou contradizê-lo abertamen-
te. Uma colaboração desse tipo lembra a do Urso que, na

---

[48]Paulo Rónai. "O Teatro de Brecht", in *Revista de Teatro*, setembro-outubro de 1973.

conhecida fábula de La Fontaine, para enxotar uma mosca pousada no nariz do Homem seu amigo, esmagou a ambos com um paralelepípedo.[49]

O famoso adágio "Errar é humano" encontra exemplificação pitoresca e abundante na atividade tradutora. Devido à pressa, à desatenção, ao desconhecimento de uma ou outra língua, à incultura, à ausência de bom-senso, à falta de imaginação, o tradutor vive a errar e seus erros são apontados com ironia e sarcasmo. Muitas editoras, escaldadas, têm recorrido ao sistema de copidesque, especialmente em caso de traduções técnicas. Em linha geral é de desejar que toda tradução seja vista por alguém que a leia como obra autônoma e lhe experimente o impacto antes que o manuscrito vá à composição. Mas, por outro lado, e sobretudo em traduções literárias, de valor artístico, convém que tais modificações não se efetuem sem o consentimento do próprio tradutor. Têm-se visto casos em que a colaboração de um revisor profissional introduziu erros, pedantismos, alterações absurdas em trabalhos de alta categoria. Uma excelente tradutora italiana de Hemingway queixa-se de que o revisor riscou todas as repetições do tipo *he said* e *she said* tão características desse autor.

Na tradução brasileira de *As ligações perigosas*, de Laclos, de Carlos Drummond de Andrade, trabalho modelar, o revisor craseou indevidamente todos os *aa* no sobrescrito das cartas que compõem o romance.

---

[49]O assunto das notas do tradutor é examinado de maneira elucidativa no artigo de Agenor Soares dos Santos "Problemas da Tradução", no nº 1 de 1979 do Abrates, *Boletim da Associação Brasileira dos Tradutores*.

Até prova em contrário, o tradutor que assina o trabalho é um profissional responsável e a sua produção já começa a ser protegida pela lei. O contrato-tipo, cuja obrigatoriedade a Associação Brasileira de Tradutores está pleiteando, há de conter uma cláusula para proibir esse tipo de revisão.

Voltando ao assunto do respeito à obra, obviamente ele deveria começar pelo título. Mas é onde, precisamente, mais vezes encontramos alterações. É que, nesse caso, o tradutor não dispõe do recurso tantas vezes utilizado de compensar mais adiante as insuficiências da solução adotada.

O título é uma unidade completa em si, e tem de transmitir uma mensagem e um impacto, no conjunto de suas poucas palavras.

Pode acontecer, porém, que a tradução exata do título não seja eufônica, fique ambígua ou inexpressiva ou, até, nem dê sentido. Nestes casos, muitas vezes por insistência do editor, o tradutor altera parcial ou completamente a denominação do livro.

É óbvio que se deve conservar o título de uma obra clássica em suas retraduções periódicas. Compreende-se: um rótulo consagrado por dezenas ou centenas de anos, às vezes por milênios, como *Odisseia*, *Eneida*, *Decameron*, *David Copperfield*, *Ana Karenina*, *Ulisses* etc. é um elemento ao mesmo tempo identificador e qualificador, a que não se deve renunciar. Mas nem todos os títulos são desta simplicidade. No caso dos que se prestam a várias interpretações, a primeira ou uma das primeiras costuma aderir à obra de modo inseparável: assim *A megera domada* e *Sonho de*

122

uma noite de verão (respectivamente *Taming of the Shrew* e *A Midsummer-Night's Dream*, de Shakespeare), *O médico à força* e *As sabichonas* (respectivamente *Le médecin malgré lui* e *Les femmes savantes*, de Molière).

Bem mais frequentes as alterações de título em obras modernas. Entretanto, os livros que se tornaram *best-sellers* em seus países de origem, especialmente nos Estados Unidos graças a uma campanha violenta de publicidade, conservam em geral os seus títulos, sobretudo quando popularizados pelo cinema. Mas nem sempre estes são tão expressivos como, por exemplo, *O exorcista*: às vezes a sua versão literal seria pobre. Atribuí a isso a manutenção, no frontispício da edição portuguesa de famoso *best-seller*, do título *Love Story*; mas depois soube, por uma entrevista do editor, que essa manutenção tinha sido exigência do autor. Quando isto não se dá, como no caso de "O poderoso chefão", a propaganda insiste em identificar a versão com o original *The Godfather* (que aliás, em Portugal teve o título mais exato de *O padrinho*).

Há um tipo de títulos que, mesmo traduzidos com fidelidade, fatalmente perdem suas conotações na passagem para a outra língua. São aqueles, geralmente destinados a um público de bom nível intelectual, que encerram alusões literárias, frases ou expressões citadas. O fenômeno ocorre com frequência no mundo anglo-saxônico. Steinbeck encontrou o título *In Dubious Battle* em Milton, *Burning Bright* em Blake, *Of Mice and Men* em Burns, *Grapes of Wrath* no "Hino guerreiro da República", *The Winter of our Discontent* em Shakespeare. Huxley achou *Eyeless in Ghaza* em Milton,

Hemingway *For Whom the Bell Tolls* em John Donne. Quem na adolescência decorou trechos do *Macbeth* sentirá maior intensidade nas palavras *The Sound and the Fury*, que encabeçam o romance de Faulkner, do que o leitor português em seu equivalente *O som e a fúria*.

Às vezes, o desconhecimento da fonte da citação pode tornar o título incompreensível. Assim, é preciso lembrarse do soneto de Mallarmé "Le Tombeau d'Edgar Poe" para adivinhar o que Duhamel quis exprimir no título do romance *Tel qu'en lui-même*; e de "Mon rêve familier", de Verlaine, para entender o título escolhido por Flora Groult para seu romance *Ni tout à fait la même, ni tout à fait une autre*.

Apesar de traduzido literalmente em italiano — *Le parole per dirlo* —, o título de um romance de Marie Cardinal — *Les mots pour le dire* — não pôde sugerir aos leitores italianos o que lembrava aos franceses, estes dois versos de Boileau em *L'art poétique*:

Ce que l'on conçoit bien s'énonce clairement
Et les mots pour le dire arrivent aisément.[50]

(Em apuros semelhantes se veriam os tradutores estrangeiros que se arriscassem a verter, por exemplo, certos livros nossos cujos autores foram buscar os títulos em poesias de Drummond: *Os inocentes do Leblon*, *Os mortos de sobrecasaca*, *O anjo torto*, *E agora, José?* etc.)

---

[50]Claude Noel. "La Traduction Littéraire", in *Il traduttore*, Florença, julho-setembro de 1978.

Daí os tradutores, mais de uma vez, preferirem desprezar o nome original de obras prestigiosas: *Limbo*, *Antic Hay* e *Mortal Coils*, este último encontrado no *Hamlet* (todos de Huxley), tornaram-se respectivamente *Felizmente para sempre*, *Ronda grotesca* e *Vingança pérfida*; *To Have and Have not*, de Hemingway, *Uma aventura na Jamaica*.

Não se julgue que essas modificações sejam uma especialidade brasileira: *Eyeless in Ghaza* (reconhecível sob o título da edição brasileira, *Sem olhos em Gaza*) viu-se rebatizado em francês *La paix des profondeurs*, e *Mortal Coils* em *Cercle vicieux*. Muitos leitores, mesmo não franceses, que conhecem o romance *Darkness at Noon*, de Koestler, sob o título por que ficou célebre na versão francesa, *Le zéro et L'infini*, devem pensar que se trata de obras diferentes. Os exemplos poderiam ser multiplicados.[51]

Outro *handicap* são os títulos que representam locuções ou idiomatismos da língua do original, como por exemplo *Le chemin des ecoliers*, de Marcel Aymé, ou *The Heart of the Matter*, de Graham Greene. (Aqui o tradutor brasileiro caiu na esparrela vertendo pelo sonoro "O coração da matéria" uma locução que significava apenas "O xis do problema".)

Não raro as modificações se operam à revelia dos autores. Estes, desconhecendo em regra geral a língua da tradução, poucas vezes chegam a reclamar. Mas acontece surgirem

---

[51]É interessante citar a esse respeito uma experiência contada por Claude Noel, tradutora de uma biografia de Hemingway, por Ch. Baker, do inglês para o francês: teve de passar dias na Biblioteca Nacional para verificar os títulos franceses dados aos livros de Hemingway, a fim de não inventar outros. "La Traduction Littéraire", in *II Traduttore*, Florença, julho-setembro de 1978.

protestos: Joseph Kessel desaprovou, não sem razão, a metamorfose de *Belle de jour* em *Luxúria* por parte do tradutor brasileiro. E Theodore Dreiser, se estivesse vivo, haveria de protestar contra a transformação de *Sister Carrie* em *Sou o pecado*.

Carlos Lacerda relata interessante observação de Léopold Sédar Senghor, o poeta-estadista do Senegal, sobre a tradução que se deu ao título de *Casa-grande & senzala* na edição francesa: *Maîtres et esclaves*, que, no seu entender, dá uma ideia falsa não só do conteúdo do livro, mas das relações interraciais e sociais no Brasil colonial.

Entretanto, há alterações felizes, originadoras de expressões que parecem espontâneas, sem cheirar a transplantação: *Anos de ternura* (*The Green Years*, de Cronin), *O menino do dedo verde* (*Tistou les pouces verts*, de Maurice Druon), *O morro dos ventos uivantes* (*Wuthering Heights*, de Emily Brontë), fórmula esta que a tradutora brasileira encontrou na "Balada de Emily Brontë", de Tasso da Silveira (mas em Portugal o livro teve o título de *O monte dos vendavais*). Acrescentemos *Foguinho*, verdadeiro achado de Athos Damasceno Ferreira para *Poil de carotte*, de Jules Renard, ou *Os frutos da terra*, correspondente feliz de Sérgio Milliet para *Les nourritures terrestres*, de Gide.

Carlos Drummond de Andrade, tradutor de *Thérèse Desqueyroux*, de Mauriac, concordou, a pedido do editor, com a versão *Uma gota de veneno*; no caso pode-se alegar a dificuldade de ler e pronunciar o título do original. Rachel de Queiroz traduziu a *Forsyte Saga*, de Galsworthy, há tempos, por *A crônica dos Forsyte*, porque a palavra "saga" era então praticamente desconhecida no Brasil.

Lembro-me de alguns problemas que tive de enfrentar quando organizei a edição brasileira de *A comédia humana*, de Balzac. Como traduzir *Les chouans*, termo local que designava os camponeses revoltos da Bretanha e lembrava o grito da coruja com que eles se comunicavam? Felizmente, segundo a moda dos romances históricos da época, havia um subtítulo: *ou La Bretagne en 1799*, que virou título principal e único: *A Bretanha em 1799*. Outra dificuldade surgiu com o título *La rabouilleuse*, termo profissional e regional, que indica "moça que revolve com um galho a água de um riacho para turvar a água a fim de fazer subir à tona os caranguejos assustados". Há pouco descobri um termo regional da Amazônia que poderia verter a palavra francesa: "gapuiadora"; mas naquela época ele não ocorreu ao tradutor, nem a mim. Investigando a história do romance, verifiquei então que a primeira edição em livro tinha o título de *Un ménage de garçon*; recorreu-se, pois, à versão *Um conchego de solteirão*, já usada, aliás, numa edição anterior em Portugal.

(Entre as 89 obras reunidas em *A comédia humana* houve algumas cujos títulos, embora fielmente traduzidos, não permitiriam identificação fácil: por exemplo, *O romeiral*, equivalente português de *La grenadière*. Mas como os prefácios sistematicamente registravam os títulos originais, qualquer dúvida estaria eliminada, ainda que não houvesse no fim da obra uma "concordância" dos títulos franceses e brasileiros.)

Às vezes a alteração equivale a uma retificação. *Biessi*, de Dostoiévski, fora traduzido em francês por *Les possédés*, o que passou para o português sob a forma de *Os possessos*; em nova tradução, Rachel de Queiroz fez questão de restituir à obra o seu título verdadeiro: *Os demônios*.

Há casos em que o motivo da alteração salta aos olhos. *Chaines*, de Howard Lee, virou *Acorrentados*, porque "Correntes" seria ambíguo. *The Eye*, de Nabokov, e *The Source*, de James A. Mitchener, foram explicitados por um mesmo tradutor com a forma, respectivamente, de *O olho vigilante* e *A fonte de Israel*.

Que fazer, porém, quando há ambiguidade propositada no título original? É o que acontece em *La jalousie*, de Robbe-Grillet. A palavra, em francês, é ambígua: refere-se ao mesmo tempo ao ciúme do marido desconfiado e ao *estore* de bambu através do qual ele espia a mulher. O tradutor inglês propôs *The Blind*, termo também ambíguo (pois significa simultaneamente *cego* e *estore*), mas, segundo Richard Howard, o editor, "receoso de ver o livro tomado por um tratado de oftalmologia", preferiu a tradução *Jealousy* ("Ciúme"), no que foi depois censurado por alguns críticos.

Nesses casos em que o título, para desespero do tradutor, é um trocadilho proposital, nem todos têm a sorte de lembrar-se de uma versão tão engenhosa como a de Oscar Mendes: *A importância de ser prudente* para o título de comédia wildeiano *The Importance of Being Earnest* (que em Portugal, na mão de Maria Isabel Morna Braga, virou *A importância de ser amável*).

Muitos acham que um título mal-escolhido pode prejudicar a "fortuna" de um livro. Günther W. Lorenz atribuiu a falta de repercussão de *El Túnel*, de Ernesto Sábato, nos países de língua alemã ao título infeliz *Der mahler und das fenster* ("O pintor e a janela"). Imagino que o editor quis evitar a tradução exata do título por existir um romance alemão de grande êxito, *O túnel*, de autoria de Bernhard Kellermann. Pelo contrário, uma mudança feliz pode favorecê-la, como aconteceu em relação a uma obra do General De Gaulle, *Vers l'armée de métier*, de título excessivamente técnico, substituído entre nós por esta frase muito mais comunicativa: *...e a França teria vencido...*

São suposições de editor ou de tradutor, de difícil verificação. Em todo caso, a crença na importância do título deve ser responsável muitas vezes pela adoção de denominações mais altissonantes, que falam melhor à imaginação do leitor. Assim é que *King's Row*, de H. Bellamann, se tornou *Em cada coração um pecado*, *Shannon's Way*, de A. J. Cronin, *Anos de tormenta*, e *Hausers Memory*, de C. Siodmark, *Memória assassina*. A respeito desse último título, objeta meu amigo Roldão Simas Filho que ele estraga a surpresa do desfecho, e por isso prefere-lhe a variante adotada em Portugal, *O cérebro de Hauser*.

Às vezes, a alteração deixa-nos intrigados. *Vidas secas* parece bem expressivo: entretanto o editor alemão, sem consulta ao tradutor Willy Keller, mudou-o em *Nach Eden ist weit* ("O caminho é longo até o Éden"), conferindo indevidamente ao livro de Graciliano um sabor protestante, faulkneriano ou steinbeckiano. Mas outro título do mesmo autor, *São Bernardo*, permaneceu tal qual na língua alemã, embora nada signifique para o leitor alemão ou talvez até o confunda, levando-o a pensar no desfiladeiro de São Bernardo, entre a Suíça e a Itália. (Já o tradutor húngaro sentiu a necessidade de dar uma ideia do conteúdo, ao adotar *Farkasember*, "Lobisomem".)

Da mesma forma, poder-se-ia estranhar o fato de uma dúzia de tradutores de nacionalidade diferente terem mantido tal qual o título machadiano *Dom Casmurro* (só o tradutor tcheco havendo-se aventurado a vertê-lo), quando seria relativamente fácil traduzi-lo.

Explica-se melhor a reprodução parcial do título *Grande sertão: veredas* pelos tradutores em alemão, italiano e castelhano de Guimarães Rosa à vista da indefinibilidade do termo.

Uma conclusão prática que se pode tirar de todos esses exemplos é que é altamente desejável generalizar-se a prática já observada por alguns editores brasileiros, a saber, a indicação do título original no verso do frontispício.

Não falamos até agora do teatro, onde a troca de um título por outro, mais *eye-catching*, é ainda mais frequente do que nas editoras, nem do cinema, onde ela se tornou quase uma regra, provocando mais de uma vez excessos grotescos, sobretudo para o lado do horrível e do macabro. Essa arbitrariedade às vezes resulta num desencontro entre o filme e o público a que ele é destinado. Assim o filme tirado do magnífico romance de Ferenc Molnár, *Os meninos da rua Paulo*, autêntico *best-seller* infantil entre nós também, passou em branca nuvem por causa de um título inidentificável:

"Esta terra é nossa". Uma relação de títulos originais e suas traduções pelo cinema nacional daria leitura divertida.

Concluindo: não se pretende condenar as alterações de título *in totum*. Apenas gostaríamos de lembrar aos tradutores sensíveis que o título faz parte da obra e, por isso, salvo contraindicação especial, é melhor conservá-lo quando possível. Mas quando, por um motivo ou por outro, for alterado, convém que o título original seja lembrado no cartaz ou, em se tratando de livro, no verso do frontispício.

5. AS FALÁCIAS DA TRADUÇÃO

Utilidade relativa dos tratados. Duas tentativas de sistematização. As perguntas que o tradutor deve formular.
A tradução preconizada por João Guimarães Rosa. O
Hamlet de Tristão da Cunha. Por que cada século volta
a traduzir as obras clássicas? A tradução como reflexo da
sensibilidade e das ideias de uma época. Onze traduções
de três versos de Virgílio comparadas com o original. Em
que consiste afinal a fidelidade da tradução? O que diria
Thomas Diafoirus a Béline, se fosse brasileiro.

UMA DAS FALÁCIAS DA TRADUÇÃO é a ilusão de poder
aprendê-la por tratados. Ora, como organizar um manual de
tradução, se esta arte (ou ofício, se querem) escapa a toda sistematização? Na verdade, a tradução aprende-se traduzindo. Não
quer isto dizer que não se deva meditar o assunto por escrito;
apenas que não se pode esperar de um manual de tradução a
precisão e a eficácia de um tratado de Óptica ou de Geometria.

Um exemplo da sistematização tentada existe no livro
A arte da tradução,[52] de Theodore Savory. Para examinar a
possibilidade teórica de uma tradução perfeita, esse tratadista
divide os originais traduzíveis em quatro categorias:

---

[52]*The Art of Translation*. Londres, Jonathan Cape, 1957.

1. meras informações de caráter prático;
2. obras literárias comuns cuja tradução é apenas uma questão de rotina;
3. obras literárias que exigem esforço artístico do tradutor;
4. textos técnicos e científicos.

No seu entender, na primeira categoria — que compreende o noticiário do jornal, um guia turístico, um anuário etc. —, a perfeição é atingível, assim como na quarta. Quanto à segunda, aí a perfeição não interessa ao leitor comum, unicamente preocupado com o conteúdo; e assim o problema ficaria reduzido ao terceiro grupo, o das obras de arte literárias.

Infelizmente semelhante classificação não nos ajuda a resolver nenhum problema concreto. Em primeiro lugar, é difícil estabelecer uma separação entre obras informativas e científicas, de um lado, e obras de valor artístico, do outro; um tratado sociológico, um ensaio filosófico muitas vezes se impõem tanto pelo estilo quanto pela mensagem. Em segundo lugar, como resolver quais as "obras literárias comuns" que não exigem esmero por parte do tradutor e quais aquelas que o forçam a superar-se — se o próprio Savory inclui entre os livros corriqueiros, sem requintes de estilo (pasmem!), *Guerra e paz* e *Dom Quixote?* Afinal, mesmo um livro medíocre exige uma tradução cuidadosa, pois o erro, o desleixo, a obscuridade perturbam tanto o leitor comum de um livro comum quanto o *connaisseur* que saboreia em seu cantinho o poema do seu clássico preferido.

Outra ajuda que Savory pensa oferecer ao aprendiz de tradutor é a sugestão de formular de si para si três perguntas em relação não só ao conjunto, mas a cada parágrafo e até a cada frase do seu texto.

1. Que é que o autor diz?
2. Que foi que ele quis dizer?
3. Como o disse?

Naturalmente o conselho não deve ser tomado ao pé da letra: a tríplice indagação transforma-se em rotina automática e só é formulada explicitamente em presença de um trecho árduo. Mas aqui também surgem objeções, notadamente em relação à segunda pergunta. Não porque às vezes é difícil saber o que o autor quis dizer; mas também porque, mesmo sabendo-o, o tradutor deve traduzir não o que ele quis dizer, mas o que ele disse na realidade. Swift, num famoso ensaio,[53]

---

[53] *A Modest Proposal for Preventing the Children of Poor People From Being a Burthen to Their Parents, or the Country, and for Making Them Beneficial to the Publick* (1729).
Talvez não seja descabido citar aqui um artigo em que Fernando Pessoa, precisamente a propósito dessa obra, explica o que é ironia: "Por ironia entende-se, não o dizer piadas, como se crê nos cafés e nas redações, mas o dizer uma coisa para dizer o contrário. A essência da ironia consiste em não se poder descobrir o segundo sentido do texto por nenhuma palavra dele, deduzindo-se, porém, esse segundo sentido do fato de ser impossível dever o texto dizer aquilo que diz. Assim, o maior de todos os ironistas, Swift, redigiu, durante uma das fomes da Irlanda, e como sátira brutal à Inglaterra, um breve escrito propondo uma solução para essa fome. Propõe que os irlandeses comam os próprios filhos. Examina com grande seriedade o problema e expõe com clareza e ciência a utilidade das crianças de menos de sete anos como bom alimento. Nenhuma palavra nessas páginas assombrosas quebra a absoluta gravidade da exposição; ninguém poderia concluir, do texto, que a proposta não fosse feita com absoluta seriedade, se não fosse a circunstância, exterior ao texto, de que uma proposta dessas não poderia ser feita a sério." (*Páginas de doutrina estética,* Lisboa, Editorial Inquérito, 1946, p. 183-184.)
Essa definição luminosa contém uma condenação implícita de todo tradutor que se aventure a explicitar os trechos irônicos do seu original.

sugere aos pobres que vendam os filhos aos ricos para servirem de comida; claro, essa cruel sugestão representa um sarcástico protesto contra a miséria do povo — mas o tradutor, embora compreendendo a intenção, não pode explicitar a ironia.

Poderá Savory responder-nos que ele nem exige tanto, já que manda o tradutor observar *como* o autor diz o que diz. O conhecimento das intenções do autor serviria, pois, apenas de informação implícita para melhor compreender o original, e não de norma de procedimento. Mas aí poderíamos perguntar-lhe por que o tradutor deve fazer a si mesmo apenas três perguntas e não quatro, cinco ou seis. Não deverá ele interrogar-se a si mesmo acerca da impressão que o original deve exercer sobre os conterrâneos do autor? No caso de um texto antigo, acerca daquela que deixou nos contemporâneos? E, sobretudo, não deverá perguntar com os seus botões como é que a mensagem contida no trecho se vazaria naturalmente na sua própria língua?

Voltaremos a esses pontos; antes, porém, registremos mais uma sugestão de Savory destinada a auxiliar o tradutor, a da *reader-analysis*. Como os leitores se repartem em diversas classes sociais, o estilo da tradução deverá ser norteado pela classe a que ela se destina. Ainda aqui convém discordarmos do tratadista, porque semelhante princípio serve apenas aos adaptadores. Já estamos longe das *belles infidèles*, que outrora reduziam as obras mais diversas à mesma linguagem exangue e rebuscada. Kafka, ao escrever, possivelmente não pensava em nenhuma categoria especial de leitores; como tantos verdadeiros escritores, escrevia para si. O seu tradutor brasileiro deverá é imaginar que ele é o Kafka brasileiro e deve, custe o que custar, extrair de si mesmo da maneira mais completa possível a mensagem de que foi incumbido.

A primeira pergunta suplementar que aventamos — que impressão o original deve exercer sobre os conterrâneos do autor? — envolve a norma, tantas vezes enunciada e que à primeira vista parece óbvia, de que a tradução deve dar aos leitores a ideia de a obra ter sido escrita em sua própria língua. Mas por mais perfeita que seja a interpretação, a impressão do leitor estrangeiro sempre será diferente da do leitor patrício do autor, e que lê a obra com o entendimento moldado por um *background* e uma experiência comuns. Por melhor que seja a tradução brasileira de *A la recherche du temps perdu*, que foi executada por um grupo seleto de grandes escritores — ao leitor não familiarizado com o ambiente, a literatura, a história, a língua da França, parte das alusões, das indiretas, das ironias, das reticências há de escapar sempre. (É verdade que, se estivesse familiarizado com o conjunto cultural da França, leria Proust no original.)

Por isso certos teóricos da tradução sustentam que o tradutor deve pôr inteiramente de lado essa preocupação e deixar que o seu trabalho fique com um sabor exótico e uma parcela de opacidade. O ficcionista João Guimarães Rosa, que, depois de suas obras começarem a ser vertidas para línguas estrangeiras, entrou a meditar a fundo sobre as questões da tradução, era um desses. No Prefácio generosamente anteposto a minhas traduções de contos húngaros, criticou-me assim, com o jeito amavelmente diplomático de quem elogia:

Saudável é notar-se que ele não pende para a sua língua natal, não imbui de modos-de-afeto seus textos, que nem mostram sedimentos da de lá; não magiariza. Antes, é um abrasileiramento radical, um brasileirismo generalizado, em gama comum, clara, que dá o tom. A mim, confesso-o, talvez um pouquinho, quem sabe, até agradasse também a tratação num arranjo mais temperado à húngara, centrado no seio húngaro, a versão estreitada, de vice-vez, contravernacular, mais metafrásica, luvarmente translatícia, sacudindo em suspensão vestígios exóticos, o especioso de traços hungarianos, hungarinos — o ressaibo e o vinco — como o tokái, que às vezes deixa um sobregosto de asfalto. Mesmo à custa de, ou — franco e melhor falando — mesmo para haver um pouco de fecundante corrupção das nossas formas idiomáticas de escrever.[54]

A segunda pergunta adicional, em se tratando de obras clássicas, visa a saber o efeito destas sobre os contemporâneos do autor. Tal pergunta envolve outra suposição, a de que a tradução deveria exercer efeito idêntico sobre os contemporâneos do tradutor. Certos tradutores procuram consegui-lo arcaizando a linguagem. O caso mais conhecido disto é o do nosso Tristão da Cunha, que no prefácio de sua famosa tradução do *Hamlet* afirma que:

> a linguagem devia evocar a atmosfera da época. Haveria tanto anacronismo em fazer falarem a de hoje personagens do teatro da Renascença, quanto em tratar de coisas do nosso tempo em discurso seiscentista.

---

[54] *Antologia do conto húngaro,* 3ª ed., Rio de Janeiro, Artenova, 1975.

A este raciocínio pode-se replicar que aos ouvidos das personagens seiscentistas a língua de Shakespeare soava natural e nada tinha de arcaico. Por isso essa tradução, de inegável virtuosismo, e outras baseadas na mesma teoria, têm antes um valor de curiosidade que o de uma versão eficiente. E, com efeito, como encenar perante um público moderno um *Hamlet* em que o Rei se apresenta com esta fala:

> Posto inda seja vivaz em nossa memória a morte de Hamleto, nosso irmão bem amado, e a nós muito conviera trazer o coração imerso em dó, e o reino todo concentrado em sobrecenho de mágoa, todavia tanto lutou em nós a discrição contra a natureza que ora, com avisada saudade, pensamos nele, cuidando também em nós mesmo.

Outros tradutores, porém, julgam chegar ao resultado almejado por meios diametralmente opostos. Assim E. V. Rieu, a quem se deve uma versão em prosa moderna inglesa da *Odisseia* e que proclama em seu prefácio com todas as letras o "princípio do efeito equivalente", submete o original a uma série de alterações para consegui-lo. Não hesita em transformar o poema de Homero numa espécie de romance. As chamadas frases "fáticas", geralmente estereotipadas (que deviam auxiliar a memória dos rapsodos), como "Declarou-lhe em resposta o bem-inspirado Telêmaco", encontram-se na tradução propositadamente diversificadas, como se disséssemos: "Aí Telêmaco disse"; "Telêmaco revidou-lhe sem demora"; "Mas Telêmaco deu-lhe o troco", e assim por diante.

A tradução é altamente legível, porém a modernização estilística rarefaz, quando não dissolve, de todo, a atmosfera homérica. Mas o que nos interessa de momento é a validez do princípio. Ao examiná-lo de perto, logo se nos apresentam duas objeções: primeiro, faltam-nos meios objetivos para ajuizar o efeito que a obra exerceu sobre os contemporâneos do autor; segundo, a pátina faz parte de uma obra clássica: se as obras originais (como as de Shakespeare no caso de um leitor inglês) a conservam eternamente, não é recomendável que as traduzidas a percam de todo, despojadas dos sinais do momento histórico que as fez nascer.

Quanto à terceira pergunta adicional, respeitante à forma que determinado pensamento tomaria em outra língua que não aquela em que foi concebida, e que nos parece de suma importância, devemos voltar a ela daqui a pouco.

Outro ensaísta, este alemão, Julius Wirl, em *Problemas básicos da interpretação e da tradução*,[55] procede também à classificação dos originais que divide em textos *específicos* (isto é aqueles que deixam impressão igual em todos os leitores) e *não específicos*, os que nós chamaríamos de literários. Quanto aos primeiros, eles são de traduzibilidade absoluta; quanto aos segundos, são na verdade aproximações, não havendo, pois, *uma* tradução perfeita para nenhuma obra literária.

O reconhecimento deste fato faz-nos compreender não apenas o surgimento simultâneo de várias traduções, mas

---

[55]Versão aproximada deste título tão caracteristicamente germânico: *Grundsätzliches zur Problematik des Dolmetschens und des Übersetzens,* Viena-Stuttgart, Wilhelm Braumüller, 1958.

também a sucessiva retradução das obras clássicas em cada época. Elas se tornaram clássicas exatamente por exercerem forte impacto na sensibilidade dos contemporâneos. Mas, para que nós experimentemos impacto semelhante, cumpre seja a obra vazada numa linguagem que identifiquemos como nossa. Eis por que nos países cultos cada geração se empenha em reapossar-se dos tesouros legados pela literatura das idades anteriores, especialmente dos grandes poemas do passado, como, por exemplo, as epopeias homéricas.

Outro exemplo interessante é o da *Eneida*, de Virgílio. A rápida sucessão das suas traduções, sobretudo nos séculos XVII e XVIII, é tanto mais curiosa quanto é certo que nessa época praticamente todo o público ledor sabia latim. Pelo menos os homens liam Virgílio na escola e traziam-no de cor. As traduções valiam como testes, como respostas a um desafio, e pressupunham a contínua comparação mental com o original. Talvez se destinassem também, acessoriamente, a um reduzido público feminino.

A tradução poética motivaria, por si só, todo um volume. Imagino que ela não é ensinada em nenhum de nossos cursos especializados por ser muito mais assimilável à arte do que à técnica. Por isso as suas dificuldades e falácias ultrapassam as da tradução em prosa. Segundo famosa frase de Robert Frost, poesia é aquilo que se perde na tradução. Mais ou menos conscientes das dificuldades da sua tarefa, os tradutores sabem ser impossível salvar todos os valores do original e por isso sempre consentem em sacrificar alguma coisa. No caso da *Eneida*, muitos substituem o hexâmetro por metros mais familiares em sua língua; alguns tentam compensar por meio de rimas o ritmo sacrificado; outros adotam o verso branco e resignam-se a aumentar o número de versos; outros abrem mão decididamente do verso e fazem uso de algum tipo de prosa poética. Há quem elimine as alusões mitológicas e históricas ou as reduza ao mínimo; há quem recorra deliberadamente a modismos e fórmulas da própria época. Enfim, hoje em dia, na tradução dos clássicos se fazem valer duas correntes: uma tendente a salvar os componentes estruturais e intelectuais, mesmo com prejuízo dos elementos sonoros; e outra, disposta a subordinar tudo à suavidade e à harmonia.

Escolhi ao acaso, *ad aperturam libri*, três versos do IV livro da *Eneida*, sem brilho particular nem significação excepcional dentro do conjunto, e alinhei ao lado onze traduções diferentes para dar ideia não tanto dos escolhos entre os quais o tradutor de poesia tem de navegar como da maneira por que cada versão reflete a atmosfera e as tendências da época em que nasceu.

Fugindo de Troia conquistada pelos gregos, Eneias e seus companheiros, após acidentada viagem, chegam a Cartago, governada pela rainha Dido. Para lhes permitir que se refaçam das canseiras, a deusa Vênus, mãe de Eneias, nada sabe inventar de melhor do que, usando de suas artes, fazer que a rainha se apaixone por ele. Então Juno, esposa de Júpiter e protetora de Cartago, intima Vênus a promover o casamento dos dois (sugestão impossível, pois nesse caso Eneias permaneceria em Cartago e Roma nunca seria fundada).

1. Quam simul ac tali persensit peste teneri
   Cara Jovis conjux, nec famam obstare furori,
   Talibus aggreditur Venerem Saturnia dictis.

(*Eneida*, Livro IV, v. 90-92)

O período traz características próprias do estilo latino. Começa por *quam*[56] relativo com valor demonstrativo, recurso frequente em latim para melhor soldar entre si os elos de uma narrativa. Duas orações subordinadas a um *verbum sentiendi (persensit)* tomam a forma obrigatória do acusativo com infinitivo.

Característica inconfundível da poesia latina é a dispersão de palavras ligadas pelo sentido, as quais, segundo a praxe observada nas línguas vernáculas, haveriam de ficar juntas. Outro traço comum do estilo épico: designar a mesma personagem mitológica por vários nomes, tirados de seus atributos: Juno aparece aqui designada como a esposa querida de Júpiter e, também, como filha de Saturno. Talvez esses dois atributos não lhe substituam o nome apenas para variar o estilo; pode ser que o poeta nos lembre tratar-se da esposa do rei dos deuses e da filha de Saturno, para dar a entender que Vênus não pode recusar um pedido vindo de tão poderosa personagem. Note-se finalmente a designação do amor como *pestis* e *furor*, termos enérgicos particularmente notáveis no suave Virgílio e que fazem prever um desfecho trágico.

---

[56] Este pronome substitui o nome de Dido, citado no trecho anterior.

2. But when imperial Juno from above
   Saw Dido fetter'd in the chains of love,
   Hot with the venom which her veins inflam'd,
   And by no sens of shame to be reclaimed,
   With soothing words to Venus she begun.

Aquelas duas palavras, de um realismo tão vigoroso, faltam nessa versão de Dryden que, substituindo-as pelos "grilhões de amor", enfraquece bastante a passagem e lhe dá um sabor galante. O adjetivo *soothing* (apaziguador, brando) contribui também para suavizá-la. E, por fim, o desaparecimento dos dois apelidos de Juno elimina a ideia das graves consequências que poderia ter uma recusa de Vênus.

3. Dès que Junon a vu de ses transports naissants
   L'ardeur contagieuse embraser tous les sens
   Et de ce qu'elle doit à son peuple, à sa gloire,
   Sa folle passion étouffer la mémoire,
   Elle aborde Vénus et lui parle en ces mots.

Curiosamente o francês Delille adocica o texto pela supressão dos mesmos elementos. Nele se notam termos do vocabulário metafórico do amor — *transports*, *ardeur*, *embraser*, *gloire* —, tão popular nos salões da época, o mesmo que invadira a tragédia francesa do século XVII. Provavelmente o trecho deixava impressão mais forte nos leitores franceses da época do que em nós, a quem parece anêmico e rebuscado.

4. Vide da l'alto la Saturnia Giuno
   Il furor di Didone, e tal che fama
   E rispetto d'onor non piú l'affrena,
   Onde Venere assalse, e'n cotai guisa
   Disdegnosa le disse.

Essa versão italiana também famosa, de Annibal Caro, em verso branco, conserva-se um pouco mais próxima do vigor dos versos latinos. Um dos atributos de Juno e um dos sinônimos patológicos da palavra amor escapam à modificação; mas o trecho torna-se pesado com os seus três *enjambements*, a inversão no quarto verso (com a anteposição do objeto ao verbo) e a expressão *'n cotai guisa*, rípio, dessas palavras evidentes que entram no verso para completar-lhe a medida. O trecho lembra demais a pesada gravidade do teatro italiano de Alfieri e de seus contemporâneos.

5. La hija de Saturno, la que al lado
   Reina de Jove, ha visto a la infelice,
   Ve que al amor immola ya el cuidado
   De su fama, y a Venus llega, y dice.

A tradução espanhola acima, de Miguel Antonio Caro, se aumenta menos o número de versos, pagou preço alto pelas rimas, pois levaram-no a introduzir a paráfrase *la que al lado reina de Jove*, agravada de uma inversão, e o banal adjetivo *infelice*, enquanto abranda "peste" e "furor" em mero "amor". A duplicação do verbo em dois planos de tempo — *ha visto e ve* — tampouco encontra justificativa.

6. Als von solchem Verderb sie bewältiget sahe die
[Gattin
Jupiters und dass sogar nicht Leumund störe den
[Wahnsinn,
Naht mit solcherlei Rede Saturnia jetzo der Venus.

Essa versão alemã de Voss, a única, entre as que apresentamos, a manter aproximadamente o hexâmetro, embora baseando-o — segundo a praxe alemã — não na quantidade das sílabas, mas na acentuação, também não é feliz: uma violenta inversão no primeiro verso com a rejeição do sujeito, um *enjambement* desgracioso, a supressão de um artigo e de dois adjetivos possessivos, as prosaicas palavras *jetzo* e *solcherlei*, com ares de rípio, dão à passagem um ar pesadamente prussiano. Acontece ainda que, em face da redação desajeitada, pode o leitor pensar que a esposa de Júpiter e Satúrnia são duas pessoas diferentes.

7. Tanto que a persentiu da peste iscada,
sem a fama ao furor obstar, Satúrnia,
Cara esposa de Jove, deste jeito
Comete a Vênus.

O erudito tradutor do *Virgílio brasileiro*, Manuel Odorico Mendes, que verteu em decassílabo sem rimas toda a obra do poeta, deixou fama de neologista audacioso. Aqui, um espécime de suas inovações está no vocábulo *persentiu*, que ele, segundo seu costume, defende numa glosa no final do canto, "por ser necessário a exprimir ideia diversa da do verbo simples e do composto *pressentir*. A preposição mostra que Juno sentiu logo pelos indícios". Diga-se, em louvor do sábio maranhense, que soube manter as palavras dramáticas "peste" e "furor", assim como os dois nomes de Juno, sem dar margem a confusão; mas é pena que não haja evitado a expressão "deste jeito".

8. Quando Juno, esposa de Júpiter, a viu empeçonhada de tal veneno e que não a continha mais o cuidado de seu nome, com estas palavras se dirige a Vênus.

Essa tradução em prosa, bem mais moderna e bastante escorreita, de Leopoldo Pereira sacrifica uns tantos elementos e altera de leve outros ("empeçonhada de tal veneno").

9. Quando a esposa querida de Júpiter a viu presa de tal desgraça, sem que seu renome lhe obstasse o delírio, assim falou a Vênus a filha de Saturno.

Nestoutra, mais recente, o tradutor David Jardim Júnior abranda peste em desgraça e adota uma construção que, como na tradução de Voss, desidentifica a esposa de Juno e Satúrnia. As licenças de ambos justificam-se menos que as de Manuel Odorico Mendes por não serem escusadas por exigências de rima ou de ritmo.

10. Dès que l'épouse chérie de Júpiter la vit en proie à une telle peste, sans que sa renommée refrènât sa fureur, la fille de Saturne s'adresse à Vénus en ces termes.

Esta versão do professor Maurice Rat, representante da tradição universitária francesa, aparece em edição bilíngue, lado a lado com o texto latino. Ela contém em síntese razoável todos os elementos do original, menos o ritmo. O desejo de fidelidade levou-o a manter separados os dois apelidos de Juno. Ao meu ouvido a expressão *une telle peste* me soa fraca, pois recorre frequentemente na linguagem coloquial de hoje.

> 11. Dès que la chère épouse de Júpiter, la Saturnienne, vit de quelle peste Didon était possédée et que le souci de sa gloire n'entravait pas sa fureur d'aimer, elle se tourna vers Vénus et lui dit.

O tradutor André Bellessort, escritor e erudito humanista, foi mais feliz em sua tradução destinada à famosa coleção Belles Lettres, pondo fim à duplicidade das designações de Juno, e soube ser bem mais claro ao traduzir *fama* por *le souci de sa gloire*, além do que logrou eliminar um imperfeito do subjuntivo, tempo verbal reputado feio pelos amadores do belo estilo na França.

> 12. Lorsque la sentit par un mal si funeste possédée,
> L'épouse chérie de Juppiter, ni même de son renom
> le souci s'opposer à sa fureur,
> la Saturnienne aborde Vénus dans ces termes.

A título de curiosidade fiz reprodução fiel do trecho correspondente dessa recentíssima tradução, tida como iconoclasta, de autoria do escritor Pierre Klossowski. O tradutor, se por um lado se empenha em preservar a estrutura latina, inclusive os padrões gramaticais mais exclusivos, tais como o relativo de ligação e o esquema do acusativo com infinitivo, violenta, por outro, as características mais óbvias de sua própria língua e força o leitor a dar tratos à bola para compreender o trecho. Em prosa francesa, a dissociação dos elementos da frase tem efeito desastroso, ao passo que em latim é compensada pelo balanceamento do ritmo e pela presença de certas fórmulas tradicionais. O esforço exigido pela leitura dessa tradução não me parece nada menor que o pedido pela do texto original, e a compensação é bem menor.

Essa divagação não teve outro objetivo senão dar uma ideia da infinidade dos problemas a que a tradução poética submete as pessoas corajosas que a ela se abalançam; mostrar a luz que, para a compreensão de um texto, pode provir de sua comparação com uma ou várias traduções; salientar como a comparação das traduções com o original, e entre si, pode ajudar a descobrir as características do estilo geral de uma língua em determinada época e a distingui-las das de um estilo individual; como, afinal, o cotejo de versões em diversas línguas deixa entrever as divergências intrínsecas destas últimas.

Não se tratou, evidentemente, de apanhar os tradutores em falta e de menosprezar-lhes o esforço. Se lembrarmos que o livro IV da *Eneida* tem 705 versos e é o mais curto dos doze livros do poema, teremos ideia, após esta rápida análise de apenas três versos, da soma de esforços que esses humanistas abnegados devem ter investido na transplantação de toda a epopeia. Quantas horas por dia, durante anos a fio, debruçados sobre o original à luz precária da vela! Lembro-me da queixa de um tradutor húngaro do século passado que em seu prefácio anuncia a sua próxima descida ao túmulo devido "às cegas hemorroidas, produto de minha *Eneida*".

Se alguém me perguntar agora qual dessas onze traduções é a mais fiel, confesso sem rodeios a minha total perplexidade. Pois a fidelidade é outra das falácias da tradução e, por ser a mais frequentemente comentada, quero dedicar-lhe algumas considerações finais.

Qualquer leigo, se interrogado, deve responder-nos que o primeiro dever da tradução é ser fiel ao original.

Mas em que consiste essa fidelidade? Não se trata, é claro, de reproduzirmos a sonoridade do original, senão traduziríamos *sindaco* por "síndico" e não por "prefeito", *hôtel de ville* por "hotel de vila" e não por "prefeitura", *to apologize* por "apologizar" e não por "pedir desculpas". O que se nos pede é reproduzirmos fielmente o sentido.

Já mostramos, no começo da presente obra, a ambiguidade deste termo. Uma palavra tem um, dois, até dez ou mais sentidos de acordo com o resto da proposição. Para traduzirmos com fidelidade o vocábulo francês *tour*, devemos olhar as palavras que o seguem ou precedem: *la tour Eiffel, un tour de force, le tour de France, c'est votre tour,* e assim por diante. Quer dizer que devemos ser fiéis ao sentido da frase.

Acontece, porém, que uma frase inteira pode ter vários sentidos. A empregada pode dizer ao patrão distraído: *Si je ne pense pas à votre déjeuner, vous n'y pensez pas.* Uma pessoa pode protestar ao ver que o amigo quer pagar-lhe a conta no café: *Vous n'y pensez pas.* No primeiro destes casos a tradução fiel seria: "Se eu não penso em seu almoço, não é o senhor que vai pensar." No segundo, porém, ela será algo como "Nem pense nisto" ou "De jeito algum" ou "Deixe isto comigo".

O que nos faz escolher uma ou outra dessas traduções é o conhecimento que temos da situação graças ao trecho anterior, isto é, o parágrafo a que a frase pertence. Muitas vezes, porém, precisamos ter em mente não só o parágrafo, mas toda a página, às vezes todo um capítulo.

Diversos teóricos tentaram definir a molécula mínima de um texto que o tradutor tem de verter fielmente. Foi-lhe dado, a essa molécula, o nome de *unit of utterance*, unidade expressiva. Mas a falta de acordo quanto à sua extensão é responsável por muitas traduções extremamente livres dos últimos anos. Citemos como exemplo a versão inglesa do *Asno de ouro*, de Apuleio, pelo conhecido romancista Robert Graves. Confessa ele, em seu prefácio, haver alterado na base desse princípio a ordem de períodos, suprimido trechos, incorporado ao texto notas explicativas e assim por diante — o que vale a dizer que para ele as unidades expressivas eram capítulos inteiros. É fácil imaginar o perigo que a generalização dessa prática representaria para a transmissão dos valores da cultura, pois quando o tradutor não é escritor da categoria de um Graves a sua tradução pode ficar tão longe do original como, por exemplo, uma redução a quadrinhos do *Crime e castigo* do original de Dostoiévski.

O tradutor mais fiel, já disse, seria aquele que, graças a uma capacidade excepcional, estivesse em condições de esquecer as palavras da mensagem original e, logo depois, de lembrar-se de seu conteúdo, para reformulá-la na sua própria língua, da maneira mais completa. Claro, a sua mente recortaria a mensagem em parcelas curtas para poder fixá-las, parcelas desiguais que seriam ora uma palavra só, ora uma frase, ora um parágrafo. E para a mensagem ser compreendida, ele trataria de conformá-la o mais possível aos usos, hábitos e regras de sua própria língua.

Assim, a fidelidade seria uma obrigação dupla: para com o conteúdo da mensagem e para com a praxe expressiva da língua-alvo. Tentaremos esclarecer essa ideia com um último exemplo.

No segundo ato de *O doente imaginário*, de Molière, há uma cena de alta comicidade em que o jovem médico Thomas Diafoirus é apresentado em casa de Argan, que lhe quer dar em casamento a filha Angélica, para ter um médico sempre à mão. Pois o jovem facultativo se revela um perfeito imbecil, que papagueia frases decoradas. Ao enfrentar Béline, esposa de Argan em segundas núpcias, começa ele a recitar um cumprimento que não consegue levar ao fim: *"Madame, c'est avec justice que le Ciel vous a concédé le nom de belle-mère, puisque l'on voit sur votre visage...*" e empaca. É fácil adivinhar que a frase terminaria mais ou menos assim: *tous les signes de la beauté.*

Numa tradução recente, aliás ótima em linhas gerais, este trecho é traduzido assim: "Madame, é com justiça que o Céu lhe concedeu o nome de sogra, pois..."

Quem conhece o enredo da peça notará, em primeiro lugar, que, no trecho em apreço, *belle-mère* corresponde não a "sogra", mas a "madrasta", pois Angélica ainda não é casada. Acontece, porém, que mesmo com o termo "madrasta", a tradução não daria sentido.

Com efeito, nem à palavra "sogra", nem à palavra "madrasta" cabe em português qualquer nuança especialmente simpática; pelo contrário, ambas têm conotação pejorativa. Mas, assim sendo, dizer que o Céu concedeu esse nome a Béline com justiça deixa de ser cumprimento.

Em francês, ao contrário, o termo que exprime ambas as noções é *belle-mère*, ao qual se pode associar uma ideia de beleza. É um trocadilho barato e tolo, sem dúvida, mas é um cumprimento. O tradutor sentiu-o, mas no momento não achou outra saída senão cortar algumas palavras do fim.

Evidentemente, é preciso sacrificar o trocadilho. Mas que se porá em seu lugar?

O expediente recomendável é esquecermos o original e imaginarmos que estamos no lugar do jovem Diafoirus e acabamos de ser apresentados à madrasta da nossa futura noiva. Que é que lhe diríamos de agradável? Alguma coisa assim: "É a madrasta de Angélica? Pois parece antes a irmã dela..." O que, se não é tolo como o texto, pelo menos chega a ser banal.

Só assim a tradução exprimiria o pensamento de Molière como se ele tivesse sido concebido pela vez primeira em português.[57]

---

[57]Já que falamos em Molière, cumpre citar *Tartufo 81* de Guilherme Figueiredo (Rio de Janeiro, Civilização Brasileira, 1980), que, além da 3ª edição revista da tradução de *Tartufo*, executada com brilho por esse escritor, contém um precioso ensaio sobre a tradução em verso, e constitui, para quantos se ocupam da prática e da teoria da tradução no Brasil, leitura indispensável.

6. O DESAFIO DA TRADUÇÃO POÉTICA

Deve-se traduzir poesia em verso ou em prosa? Diversas abordagens do problema. O que se perde na tradução, exemplificado num rubai de Fitzgerald, em "Repouso" de Henriqueta Lisboa, em "Roma" de Cecília Meireles, em "Poema de Sete Faces" de Carlos Drummond de Andrade e numas quadras de Fernando Pessoa. Dois extremos: o Puchkin de Nabokov e o Horácio de Ezra Pound. O problema das rimas estudado nas cento e tantas traduções do soneto de Arvers. O laboratório de Ladislas Gara e seus produtos.

ATÉ AGORA NOS detivemos em casos gerais de tradução sem abordar especificamente o problema da tradução poética. Mesmo quando os exemplos analisados eram versos, o que examinamos foi a traduzibilidade de palavras com as suas conotações e a transponibilidade de estruturas, não, porém, o problema artístico da versão poética. Evidentemente, as dificuldades que o tradutor deve enfrentar multiplicam-se quando aborda uma poesia. Dissemos certa vez que, para transmitir a mensagem do seu original, ele tinha de esquecer momentaneamente as palavras em que esta era vazada e reformulá-la na sua língua. Em poesia, porém, não há mensagem vazada em palavras, pois estas fazem parte da mensagem. A sonoridade e o acento dos vocábulos, o seu aspecto visual, a harmonia das rimas, o comprimento e o ritmo dos versos, a composição das estrofes, tudo isso é conteúdo e forma ao mesmo tempo e portanto o tradutor tem de guardá-los presentes ao espírito enquanto recria o poema em seu idioma. Mas quanto mais invencível parece, tanto mais a dificuldade espicaça o artista.

Têm-se escrito volumes sobre o que, entre todos aqueles elementos, o tradutor pode ou deve sacrificar de preferência. É de se observar que os teóricos se deixam, em geral, influenciar pela natureza de seu instrumento. Os franceses, possuidores de um idioma pouco flexível, sustentam a vantagem da tradução em prosa; os ingleses, geralmente, preconizam a tradução em verso. Por outro lado, os ingleses, na transposição de poemas antigos, gregos e latinos, decidem-se por este ou aquele metro da sua lírica nacional; aos alemães e aos húngaros, que dispõem de ritmos mais próximos dos da Antiguidade, nem ocorre que estes poderiam ser substituídos por outros. Mas, quanto mais parecido é o ritmo ou o som, menos o sentido lembra o do original.

Concluiremos que, à vista da inevitabilidade de compromissos, seria preferível não traduzir poesia? De modo algum. Por mais que Heine nos divirta ao troçar deste empalhamento dos raios de sol, não nos conformaríamos em só contemplar a sombra. Da mesma forma, contestaremos a *boutade* de Robert Frost de a poesia ser aquilo que se perde em tradução. Se assim fosse, como apreciaríamos tantos poetas que só conhecemos através de versões? Admitiremos apenas que algo se perde na passagem, e tentaremos mostrar, nalguns exemplos concretos, o que é esse algo.

Não seria difícil demonstrar como traduções canhestras podem prejudicar a mais alta mensagem poética. Preferi selecionar versões boas em que se pode apalpar não a impericia dos tradutores, mas a resistência do material com que trabalham.

Um dos produtos mais importantes da nossa escassa literatura teórica sobre problemas da tradução é o estudo em que Augusto de Campos presta homenagem a Edward Fitzgerald.[58] Este se tornara famoso, no século passado, pela publicação de um punhado de *rubai* ("quadras") do poeta persa Omar Kaiam (1050-1132) numa genial adaptação livre, considerado hoje uma tradução. No ensaio em apreço Augusto de Campos exibe e explica sua própria versão de duas dessas quadras. Contrariamente a Fitzgerald, manteve-se atento não apenas ao significado e às qualidades formais das quadras, mas também à microestrutura que nelas descobriu. Num desses *rubai*, construído em torno da palavra *dust* (pó), mostra como as correspondências significante-

---

[58]"A língua do pó, a linguagem do poeta", in *Minas Gerais, Suplemento Literário*, 13 de abril de 1973.

significado se explicitam por um estranho procedimento formal que atomiza e pulveriza o discurso inteiro em monossílabos. Eis a quadra, a de nº XXV:

Ah, make the most of what we yet may spend
before we too into the dust descend;
dust into dust, and under dust, to lie,
sans wine, sans song, sans singer and — sans end!

Deste poeminha intraduzível, o poeta brasileiro, com plena consciência da dificuldade, deu a versão seguinte:

Ah, vem, vivamos mais que a Vida, vem,
Antes que em pó nos deponham também,
Pó sobre pó, e sob o pó, pousados,
Sem Cor, sem Sol, sem Som, sem Sonho — sem!

Recriação antes que tradução, a quadra brasileira guardou o máximo possível do original: o sentido geral, a inspiração melancólica, o ritmo, o esquema rímico, as aliterações e até a preponderância de palavras monossilábicas, dificultada pela tendência polissilábica do português, se comparado ao inglês.

Estava eu admirando essa proeza, enquanto perguntava de mim para mim, quanto tempo, reflexão e esforço seriam necessários para dar uma versão de igual qualidade de todos os *rubai*, quando reparei num fato não assinalado no agudo comentário do tradutor. Há na quadra inglesa, além da palavra-chave *dust*, outra que também recorre quatro vezes. Esta palavra *sans*, à primeira vista, parece a conhecida preposição francesa. Ela, porém, existiu antigamente em inglês com o mesmo sentido, apenas com pronúncia diferente (*sanz*); no momento da tradução de Fitzgerald já devia ser um arcaísmo. A intensidade intencional com que ele a emprega nesta quadra deve ter algum motivo especial. Julgo tê-lo descoberto no fato de ela se encontrar repetida outras tantas vezes num famoso verso de *As You Like It* (ato II, cena 7), em que Shakespeare descreve a velhice, *Sans teeth, sans eyes, sans taste, sans everything*. Com razão podia Fitzgerald supô-lo conhecido de seus leitores, no espírito dos quais a reminiscência shakespeariana, sobreposta ao verso dele, só fazia acentuar a atmosfera lúgubre da advertência. O que mostra que os poemas, além de sua existência individual, são elos de uma tradição poética que é preciso trazer de cor para senti-los integralmente. Porém o tradutor, até o melhor, fica impotente em face desse resíduo que não se deixa reduzir.

Escolho o segundo exemplo numa antologia inglesa de Henriqueta Lisboa, compilada e traduzida com carinho por Hélio Veiga da Costa.[59] Aí encontro uma poesia intitulada *"Rest"*, cuja primeira estrofe reza assim:

---

[59]Henriqueta Lisboa. *Poemas escolhidos, Chosen Poems*, Belo Horizonte, Mai Editora, s.d.

Shady verandah in the hour of sun.
Laziness sweeter than honey.
Water in a crystal glass
with an indefinite blue reflex
of sky washed clean with indigo;

conjunto que corresponde, sem dúvidas, com o máximo de fidelidade possível, ao começo do poema brasileiro, "Repouso". Todos os componentes do original se acham traduzidos; os elementos do quadro estão distribuídos de modo igual pelos versos concisos; e o tradutor soube respeitar essa característica negativa do original, que é a ausência de verbos. Verbo, em geral, sugere ação, movimento: a sua ausência concorre para a impressão de imobilidade total. Entretanto, o original tem algo a mais:

Varanda em sombra à hora do Sol,
Preguiça mais doce que o mel.
Água num copo de cristal
com o vago reflexo azul
do céu lavado de anil.

Por que é que o texto português dá essa sensação de plenitude? Sem dúvida pela curiosa aliteração das palavras finais que, além de todas oxítonas, são termos fortes, de intenso conteúdo poético, o que empresta a todos os versos uma como tendência ascensional e quebra a secura descritiva com uma discreta musicalidade. A importância dessa sonoridade resulta claramente da segunda estrofe:

160

Sobre a mesa flores e pão.
(Quanta riqueza se contém
numa lareira, num jardim!)
Livros bem-guardados e um
rádio em silêncio. Que bom!

O *enjambement* do quarto ao quinto verso obedece à íntima exigência da simetria formulada pelo olho do leitor. Outra vez a tradução, fidelíssima, acompanha o original passo a passo; mas o *enjambement* perdeu a justificativa:

Flowers and bread on the table,
(How much wealth is contained
in a fireplace, in a garden!)
Well kept books and
silent wireless. How nice!

Perseverando na singular consonância das finais, termina o poeta a sua obra-prima arrematando cada verso com uma sílaba expressiva e chegando ao remate final com um sinônimo mais vigoroso do título:

Hora simples, hora feliz,
nada de novo para nós.
Na transferência da luz
como um lago em placidez,
talvez deslize o anjo da paz.

Volta o tradutor e consegue realizar a façanha de empregar exatamente o mesmo número de sílabas do seu modelo: 78. Mais uma vez reproduz todos os matizes do original; e se deixou passar inobservada a gradação dos versos, que culmina no supremo símbolo da quietude e num panorama celestial, essa imperfeição poderia ser sanada pela troca de seu terceiro verso pelo quinto. Ainda assim, ficaria intransportada a magia do poema, que fora alcançada misteriosamente graças aos elementos acústicos e visuais aderentes ao quadro familiar onde, além da presença do homem, sugerida de maneira em extremo discreta, percebe-se como que um zumbido de abelhas. As mesmas abelhas responsáveis pelo mel evocado no início do poema:

> Artless hour, happy hour,
> Nothing new for us.
> Maybe the angel of peace glides
> on the transparency of the light
> like a lake in calmness.

Há, portanto, poesias intraduzíveis. Como esta ou como a "Tragédia Brasileira", já citada, de Manuel Bandeira.[60] Bastaria, pois, que o organizador de uma antologia deixasse de lado essas flores intransplantáveis. Mas que acontece quando, por este ou aquele motivo ou outro, semelhante omissão lhe é vedada? Foi o que aconteceu a meu saudoso amigo Edoardo Bizzarri quando se incumbiu de traduzir

---

[60]Ver p. 62-63.

em sua língua o conjunto das poesias escritas na Itália por Cecília Meireles.[61] Entre elas encontro, sob o nº XXXVII, o poema "Roma", que principia assim:

Roma — romã, dourada pele de tijolo,
grãos rubros e túmidos de ocaso:
compartimentos de séculos
em porfírio, mármore, bronze, meticuloso mosaico.
[...]

Evidentemente a inspiração foi desencadeada pela semelhança das duas cadeias sonoras *Roma-romã*, que numa visão suprarrealista permitiu ao poeta saborear a cidade eterna sob as formas e as cores de uma fruta cujos gomos se identificam com as parcelas do tempo, os séculos. A comparação persiste e vai-se desenrolando pelo resto do poema.

Ao antigo anagrama — Roma-Amor — que os poetas italianos citam com emoção de iniciados, Cecília acrescentou assim outro qualificativo latente no trocadilho Roma-Romã, senha que funciona apenas para olhos e ouvidos brasileiros. Mas, com isto, o poema tornou-se intransponível noutra língua. Sem dúvida, o nome italiano da romã, *melagrana*, é uma beleza, mais melodioso que o nosso. Mas que adianta, se só o nome português podia desvendar a analogia oculta?

Mestre Bizzarri não pôde fugir à dificuldade, já que a tarefa que se impusera consistia na tradução de *todos* os

---

[61]Cecília Meireles. *Poemas italianos*, São Paulo, Instituto Cultural Ítalo-Brasileiro, 1968.

poemas escritos por Cecília sob o impacto da sua viagem pela Itália. Foi, pois, vertendo uma palavra do verso depois de outra por seus estritos equivalentes.

Roma — melagrana, pelle dorata di mattone...

Mas sentiu a necessidade de lealmente assinalar o impasse e numa nota de pé de página (a única do volume) esclareceu:

La melagrana in portoghese é "romã": di qui, nell'originale, il senso imediato e fonico di un accostamento que può sorpendere in italiano.

A primeira antologia de poesias de Drummond em francês impressiona-nos pelo máximo de fidelidade ao sentido e por bom número de correspondências felizes.[62] No esforço de transpor as ideias do poeta, Jean-Michel Massa resignou-se a verter sem rimas as poucas poesias rimadas. Mas que aconteceu no caso das rimas "fortuitas", as que nos fazem estacar nos poemas não rimados e que motivaram análises tão penetrantes do saudoso Hélcio Martins?

Mundo, mundo, vasto mundo,
se eu me chamasse Raimundo,
seria uma rima, não seria uma solução.

---

[62]Carlos Drummond de Andrade. *Reunião/Réunion,* seleção, tradução e prefácio de Jean-Michel Massa, Paris, Auber-Montaigne, 1972.

torna-se

> Monde, monde, vaste monde,
> Si je m'appelais Raymond,
> Ce serait une rime, ce ne serait pas une solution,

onde se perdeu toda a graça, já que *monde* e *Raymond* não chegam a formar rima. O tradutor poderia ter adotado *Raymonde*, para não perder a rima, dirá alguém. Sim, mas não introduziria ao mesmo tempo uma conotação (a mudança de sexo) ausente do original? É esse risco que assume conscientemente o tradutor holandês August Willemsen, por achar essencial a conservação da rima. A sua versão (a sair dentro em breve) reza assim:

> Wereld wereld wereld wijd
> ais ik genaamd was Adelheid
> was dat een rijm wat nergens goed voor is.
> Wereld wereld wereld wijd
> weidser is mijn droefenis.

(O 3º verso holandês quer dizer literalmente: "seria uma rima, o que não serve para nada", e o 5º: "mais vasta é a minha tristeza". Note-se que *goed voor is* e *droefenis* formam rima.)

É verdade que, neste caso, o leitor curioso poderia recorrer ao texto original, reproduzido ao lado da tradução. Há profissionais que consideram essa a única maneira aceitável de transpor textos poéticos. Stanley Burnshaw, por exemplo, apresenta ao leitor os textos em língua original, dando na mesma página uma tradução em prosa que visa sobretudo à exatidão e uma análise em profundidade, acrescentando no fim do volume uma nota sobre a prosódia, outra sobre a pronúncia da respectiva língua.[63] No seu entender, toda a tradução inglesa não acompanhada do original tiraria ao poema em foco seu caráter visceralmente francês, italiano, espanhol ou alemão. Empregado com inteligência, o método revela muito das intenções do poeta, mas limita a acessibilidade da peça a leitores com veleidades de filólogo; por outro lado, funciona apenas no caso de línguas ocidentais, transcritas no alfabeto latino.

Muitos profissionais são decididamente contra esta solução. William Jay Smith considera-a a pior, porque leva os leitores a pensar que a tradução deve servir de "burro". Jackson Mathews é também contra, porque faz a tradução perder a sua vida própria; ela deixa de ser julgada como poesia autônoma, como deveria ser. Mas reconhece que não reproduzindo o original, dá o tradutor a impressão de temer o confronto. Por isso, propõe a solução de compromisso de dar primeiro a tradução poética e depois, lado a lado, o original e uma versão em prosa.

Pessoalmente, simpatizo com a tradução acompanhada de original quando ela tenta conservar os valores sonoros e rítmicos da poesia, mas não consigo saboreá-la quando,

---

[63]*The Poem Itself. 150 European Poems Translated and Analysed*, organizado por Stanley Burnshaw, Harmondsworth, Penguin Books, 1960.

de caso pensado, o tradutor abre mão desses elementos. Dir-se-ia que ele rejeite intencionalmente, apenas para ser consequente, as rimas que se lhe imporiam de modo natural. Sinto certa indulgência para com uma tentativa de tradução integral, ainda que malograda; mas sinto-me frustrado ante uma versão despoetizada como que à força, tal como acontece nesta versão italiana de duas quadras de Fernando Pessoa:

....

Quem amo não existe.	*Non esiste chi amo.*
Vivo indeciso e triste.	*Vivo indeciso e triste.*
Quem quis ser já me esquece	*Chi volli essere mi dimentica.*
Quem sou não me conhece.	*Chi sono non mi conosce.*
E em meio disto o aroma	*E frattanto l'aroma*
Que a brisa traz me assoma	*portato della brezza mi sorge*
Um momento à consciência	*alla coscienza un momento*
Como uma confidência.	*come una confidenza.*[64]

Uma das traduções modernas que maior preço pagaram pela exatidão do sentido é, sem dúvida, a versão inglesa de *Ievgueni Onieguin*, de Puchkin, por Vladimir Nabokov. A discussão que ela suscitou por volta de 1964 pôs em foco uma vez mais os princípios que devem orientar a atividade tradutora.

---

[64]*Poesie,* de Fernando Pessoa. Cronistoria della vita e delle opere, versione, bibliografia e note a cura di Luigi Panarese. Milão, Lerici Editori, 1967, p. 87.

Nabokov, conhecido entre nós sobretudo como o autor do famigerado *Lolita*, merece interesse como um dos casos modernos mais perfeitos de bilinguismo literário. Filho de família aristocrática, emigrou da Rússia aos vinte anos, em 1919, depois de haver publicado uma coletânea de poesias. Depois levou a vida nômade de muitos emigrados em Londres, Berlim, Paris e nos Estados Unidos, onde se naturalizou norte-americano em 1945; afinal, em 1960, acabou por se estabelecer na Suíça. Parte de sua obra de ficção, publicada no exílio, era ainda escrita em russo; a outra parte, inclusive *Lolita* (1955), em inglês, língua de que ele é considerado um mestre. Além de ficcionista, é erudito notável; foi professor de Literatura Russa e Europeia na Cornell University e distinguiu-se pela tradução de obras reputadas as mais difíceis.

Para o russo, verteu na mocidade *Alice in Wonderland*, de Lewis Carroll, e *Colas Breugnon*, de Romain Rolland, como para mostrar que não recuava diante de qualquer desafio. Na sua maturidade, depois de poesias russas avulsas, empreendeu a transplantação para o inglês de *Ievgueni Onieguin*, obra-prima considerada intraduzível (e talvez por isso mesmo das mais traduzidas) em virtude da sua aparente simplicidade. Essa versão, em que o tradutor levou cinco anos, saiu acompanhada de dois volumes de comentários e um terceiro com o texto original.

Na tradução, segundo ele próprio declara, Nabokov sacrificou "à exatidão e integridade totais do sentido todos os elementos formais, salvo o ritmo iâmbico, cuja conservação antes favoreceu do que entravou a fidelidade".[65]

O comentário é um trabalho monumental e representa exegese das mais minuciosas e profundas ao mesmo tempo. O professor Nabokov demonstra, por exemplo, que Puchkin não sabia inglês e que suas frequentes citações de literatura inglesa provêm, não de Shakespeare, Byron etc., mas de medíocres traduções francesas; ou então desmascara o poeta, provando o plágio em suas imitações de obras russas, por sua vez imitadas de autores ingleses através das mesmas traduções pouco recomendáveis. Enquanto isso, o tradutor Nabokov leva em consideração todos esses resultados, além de identificar todos os reflexos do universo material espalhado em *Onieguin* — para, por exemplo, estabelecer com precisão se, ao falar em acácia, Puchkin pensava na mesma árvore que a palavra evoca no espírito do leitor de língua inglesa. Ao comentar o duelo fatal de Onieguin e Lenski, o escoliasta analisa pormenorizadamente o duelo como instituição e suas variantes aceitas na Rússia, e aproveita a oportunidade para dar os informes mais amplos sobre outro duelo, este verdadeiro, em que o próprio poeta, alguns anos depois, perderia a vida.

Essas glosas, expostas com exatidão científica e impressionante profusão de detalhes, embora possam interessar prodigiosamente os especialistas, devem exercer efeito terrífico sobre qualquer candidato a tradutor, justamente assus-

---

[65]Vladimir Nabokov. "The Servil Path", in *On Translation*, p. 97 a 110.

tado pela sabedoria enciclopédica e a capacidade disquisitiva que a tarefa assim concebida exige dos cultores do ofício.

Quanto à tradução, ela parece atingir o máximo de fidelidade intelectual — mas, apesar disso e da abundância dos comentários, não dá a entrever a elegância espirituosa que o poema deve a suas rimas, alegres, brincalhonas, imprevistas, às vezes formadas por neologismos, palavras de empréstimo, brincadeiras, e que marcam as suspensões e mudanças num relato feito todo ele em tom de conversa. Sem dúvida, é impossível reproduzir-lhes a maravilhosa leveza e espontaneidade; tomando ao acaso uma estrofe em quatro versões poéticas, Helen Muchnic mostra como todas elas recorrem a palavras de enchimento, rípios, rodeios inusitados e pesados.[66] Mas, ainda assim, permitem imaginar algo da ligeireza original. Enquanto isso, como observa Dudley Fitts,[67] as notas, por mais precisas que sejam, obrigam-nos a acreditar sob palavra que o original tem valor artístico.

Muitos críticos literários não aprovaram a experiência e censuraram Nabokov por haver transformado uma obra-prima de graça em monumento de erudição. Alguns caíram na imprudência de apontar erros e inexatidões. O tradutor apanhou a luva e num artigo de inexcedível mordacidade reduz a zero essas críticas de pormenor e toma a defesa da tradução literal contra os críticos da tradução *arty* (pseudoartística). Essa apologia, em que, entre outros censores devi-

---

[66]"Russian Poetry and Methods of Translation", in *The World of Translation*, p. 297 a 306.

[67]"The Poetic Nuance", in *On Translation*, p. 32 a 42.

damente desancados, o maior número de bordoadas cabe a Edmund Wilson, conhecido recensionista do *New York Revue of Books*, põe à vista o conhecimento profundo que o bilíngue Nabokov possui dos requintes de ambas as línguas e a extensão impressionante de sua cultura — mas, paradoxalmente, deixa-nos convencidos de que semelhante virtuoso, se quisesse, poderia ter mantido a forma poética e transmitir a impressão de genuína beleza do poema. Pois, já que ele quis e pôde acompanhar a sua versão de comentários, nada o impediria de neles explicar, para os leitores que se dispusessem a lê-los, as alterações de alguma importância a que a rima o tivesse forçado.

Entretanto, irritado com as críticas, Nabokov ameaçou os seus censores de, numa possível reedição, tornar a sua versão ainda mais literal.

> O meu *Onieguin* não chega a ser o 'burro' ideal. Ainda não fica bastante perto do original, nem é bastante feio... Penso que vou transvasá-lo inteiramente em inglês utilitário... para eliminar os últimos vestígios de poesia burguesa e concessão ao ritmo.[68]

Por mim, recordo a velha tradução húngara em que há meio século li e adorei o *Onieguin*. Os versos de Károly Bérczy deram-me uma impressão de encanto, que até hoje nada perdeu de seu frescor, e deve ser mais próxima da

---

[68]Vladimir Nabokov. "Reply to my Criticism", in *The Portable Nabokov*, Nova York, The Viking Press, 1971, p. 300 a 324.

inspirada pelo leve e frágil original do que da incutida pelo portentoso edifício de Nabokov.

Cabe citar aqui um depoimento sugestivo do excelente poeta e contista cubano Eliseo Diego, que, na base de uma versão literal executada por um casal de húngaros hispanizantes, fez uma bela tradução espanhola de um punhado de poemas de Sándor Petöfi, grande poeta húngaro. Enquanto tenta encontrar equivalentes castelhanos para os períodos deste último, à sua memória acodem constantemente versos de José Marti, de Rubén Darío, de outros líricos que lhes são familiares desde a infância, e o ajudam a sentir o que deve ter sentido o próprio Petöfi e a redizê-lo castelhanamente. Aí é que ele recorre a uma comparação luminosa que pode ajudar-nos a compreender o fundo do problema.

> ...hemos obrado según el principio de que un poema es en esencia una simiente: los significados se encuentram en el, no explícitos, sino en potencia, de acuerdo con la naturaleza de su ser. Con obstinada, admirable sabiduria de sí misma, una semilla de mango lleva en sí todo el proyecto del ábrol, y jamás consentirá en ser otro. Sin embargo, la figura y la disposición de las ramas, y la colocación de los frutos, varían de uno a otro mango: estas variaciones no atentan contra el ser del proyecto. Del mismo modo, nos parece lícito que al sembrar en nuestro idioma la semilla del poema ajeno, varíe en algo la apariencia siempre que el ser se mantenga intacto: lo que seria imperdonable es que entre el follaje del mango emergiese una rama de algodón.[69]

---
[69]*Revista Unión*, La Habaña, nº 4 de 1974.

Diz um excelente tradutor norte-americano de poesia, o professor John Frederick Nims, que, ao transpor em inglês um poema de Goethe, de Lorca ou de Rosalía de Castro para o leitor que não os pode ler no original, ele quer é dar-lhes uma ideia desse poema. *"Let me show you how it goes."*[70] Ora, só um poema pode dar ideia de um poema. E apesar de ter tomado parte na experiência de *The Poem Itself,* conclui que a espécie de tradução em que a poesia se perde é aquela que se preocupa unicamente com o sentido e a mensagem. Ainda que o ritmo seja apenas aproximado, que não seja possível salvar todas as rimas, que a harmonia imitativa de certos sons se perca, o leitor sentirá algo da magia do original, que só uma transposição das ideias nunca lhe haveria dado.

Nesse espantoso florescer da tradução poética que nos oferecem hoje as literaturas de língua inglesa, versões como as de Nims ocupam lugar igualmente distante da reconstituição filológica de Nabokov e da adaptação revitalizadora de Ezra Pound. A maioria dos críticos ingleses e norte-americanos manifestam admiração irrestrita às versões deste último, inseparáveis de sua poesia original, e que teriam aberto nova época na história da tradução. Entretanto, na base dessa renovação encontramos antes um poderoso e arbitrário talento pessoal do que uma praxe coerente. Mesmo os panegiristas de Pound concordam em que muitas de suas traduções são na realidade *personae* adotadas por ele. "Ezra Pound nunca

---

[70]John Frederick Nims. *Sappho to Valery. Poems in Translation*, New Brunswick, New Jersey, Rutgers University Press, 1971, p. 371 e segs.

traduz 'em' algo que já existia em inglês."[71] Para cada poeta cria uma nova língua. Os resultados são lindos poemas originais ou, se quisermos, imitações deslumbrantes. Foi ele quem ressuscitou para a lírica moderna a obra do trecentista Guido Cavalcanti num inglês arcaico, quase contemporâneo. Mas em suas versões de Catulo e Horácio recorre ao inglês moderno, numa contradição difícil de sustentar.

Para que se possa conjeturar a liberdade que Pound reivindica na manipulação da poesia alheia, aqui reproduzo a Ode XI do Livro I de Horácio seguida da adaptação poundiana.

> Tu ne quaesieris, scire nefas, quem mihi, quem tibi
> Finem di dederint, Leuconoe, nec Babylonios
> Tentaris números. Ut melius quidquid erit pati!
> Seu plures hiemes, seu tribuit Jupiter ultimam,
> Quae nunc oppositis debilitat pumicibus mare
> Tyrrhenum, sapias, vina liques et spatio brevi
> Spem longam reseces. Dum loquimur, fugerit invida
> Aetas: carpe diem, quam minimum credula postero.

Vejamo-la na variante de Pound:

> Ask not ungainly asking of the end
> Gods send us, me and thee, Leucothoe;
> Nor juggle with the risks of Babylon,
>   Better to take whatever,
> Several, or last, Jove sends us. Winter is winter,
> Gnawing the Tyrrhene cliffs with the sea's tooth.

---

[71] Hugh Kenner, na introdução de *The Translation of Ezra Pound,* Londres, Faber and Faber, 1970.

Take note of flavors, and clarity's in the wine's manifest.
Cut loose long hope for a time.
We talk. Time runs in envy of us,
Holding our day more firm in unbelief.

Os que ainda se lembram um pouco do seu latim do colégio e leem inglês notarão o tratamento algo arrogante a que o poeta-tradutor submeteu o texto horaciano. Desapareceu o frêmito religioso encerrado em *scire nefas*; a curiosidade de desvendar o futuro que os deuses nos esconderam aqui já não é ímpia, apenas *ungainly*. Outra palavra essencial do poema, *dum*, "enquanto", desapareceu também. *Enquanto* Horácio fala com a amiga, fogem os minutos. Em Pound, apenas: "Nós conversamos." E esse *Winter is winter*, tão coloquial, não corresponde a nada no original. Por fim, a conclusão imortal, *Carpe diem*, dilui-se na versão. Sente-se que o tradutor relaxou por gosto o encadeamento das ideias, introduzindo no poema uma ambiguidade e indecisão modernas. Não serei provavelmente capaz de saborear a versão de Pound tão integralmente como um leitor de língua inglesa; mas, ainda que por ela perpasse a vibração que lhe atribuem, custa-me considerá-la um padrão de tradução.

A poesia moderna faz uso restrito da rima, do ritmo, daquilo que se costuma designar como valores formais do lirismo. Muitas vezes não sabemos se ainda podemos falar em verso ou se estamos diante de um tipo novo de prosa. Então a tarefa do tradutor se torna ao mesmo tempo mais leve e mais árdua, pois se, de um lado, se reduz a captar o sentido e a reproduzir a mensagem expressa e implícita do poema, do outro lado terá de deixar intacta a sua possível ambiguidade; e, ainda que o consiga, nunca o seu bom êxito poderá ser tão retumbante como o do intérprete de uma composição fixa e regular, como por exemplo de um soneto. Mas como a transposição da poesia de épocas passadas não há de cessar tão cedo, talvez valha a pena dar um minuto de atenção ao problema que o tradutor de um poema desses há de resolver.

Um tradutor húngaro, László Kálnoky[72] pergunta a si mesmo a que processo obedecer ao verter um poema de dezesseis versos em que quatro rimas se alternam de maneira mais ou menos regular. Resolver os versos um por um não adianta, pois a melhor solução pode ser anulada pela inexistência de rima no segundo, terceiro ou quarto verso correspondente. Em caso tão difícil o tradutor só alcança êxito se consegue conceber aquela única sentença de dezesseis linhas como uma unidade indivisível e vertê-la com um método simultâneo, isto é, enquanto resolve um dos versos, não perder de vista nem um minuto sequer os quinze outros. "Em casos semelhantes tive sempre a impressão de executar uma operação superior a minha capacidade mental."

Ao ler esse depoimento curioso lembrei-me de um livro brasileiro que todos os estudiosos da tradução deveriam

---

[72]*In Arion. Almanach International de Poésie*, Budapest, 1966.

conhecer, *O soneto de Arvers*, do saudoso Mello Nóbrega,[73] em que o autor erudito recenseia e reproduz muito mais de cem traduções brasileiras do famoso poema francês. (E não são todas, pois eu mesmo conheço algumas não incluídas no volume.) Um olhar a todas essas tentativas nos fará compreender melhor o reparo do especialista húngaro.

Quem não conhece o célebre poemeto, tantas vezes citado e recitado, que para muita gente pouco letrada condensa o máximo do lirismo? Com raro senso de medida, Mello Nóbrega reconhece a mediocridade do "rei dos sonetos", que encara antes como um fenômeno marginal da literatura e não como um produto estético puro, e explica os motivos da sobrevivência desses quatorze versos isolados, sem apoio em qualquer outra obra de Arvers, poeta menor do romantismo. Grande número de equívocos contribuíram para a cristalização dessa frágil mas resistente glória. A perfeição artística do soneto é um mito e não resiste a um exame algo demorado. Quando muito, exprime sob forma equilibrada, direta e singela, isenta de exageros românticos e com bastante serenidade um lugar-comum de todos os tempos.

Reproduzamo-lo:

Mon âme a son secret, ma vie a son mystère,
Un amour éternel en un moment conçu;
Le mal est sans espoir, aussi j'ai dû le taire,
Et celle qui l'a fait n'en a jamais rien su.

---

[73]Mello Nóbrega. *O soneto de Arvers*, 3ª edição, revista e aumentada, com prefácio de Antônio Houaiss e revisão de F. Célio Monteiro, Rio de Janeiro, Civilização Brasileira, 1980.

Hélas! j'aurai passé près d'elle inaperçu
Toujours à ses côtés et toujours solitaire;
Et j'aurai jusqu'au bout fait mon temps sur la terre,
N'osant rien demander, et n'ayant rien reçu.

Pour elle, quoique Dieu l'ait faite bonne et tendre,
Elle ira son chemin, distraite et sans entendre
Ce murmure d'amour élevé sur ses pas;

A l'austère devoir pieusement fidèle,
Elle dira, lisant ces vers tout remplis d'elle:
"Quelle est donc cette femme?" et ne comprendra pas.

Se pudéssemos reproduzir as cento e tantas traduções conservadas pelo ensaísta sagaz, ou pelo menos algumas que representassem os principais tipos de tradução (entre as quais há uma, e não das melhores, de Dom Pedro II), os leitores perguntariam a si mesmos por que motivo esse poemeto piegas não conseguiu provocar variantes equivalentes em português. Salvo erro, nenhum de seus muitos intérpretes logrou conservar as suas qualidades mais positivas, a unidade do tom e certa singeleza íntima.

Parece-me que a adaptação naufragou pela recorrência obrigatória das rimas. O parentesco das duas línguas, nesse ponto de vista, é antes uma desvantagem — salvo no caso, extremamente raro, em que envolve as rimas e seus consoantes. Não foi, porém, o que se deu aqui.

O primeiro verso *Mon âme a son secret, ma vie a son mystère* sugere naturalmente esta tradução quase literal "Guardo na alma um segredo e na vida um mistério" adotada com pequenas variantes por certo número de tradutores. Acontece porém que o soneto exigia três rimas para 'mistério'; ora, em português as rimas para esta palavra são bem menos abundantes que em francês. As que encontramos nessas traduções são *refrigério, império, sério, funéreo, cemitério, critério, etéreo, impropério, deletério* e, até (numa tradução publicada depois do livro de Mello Nóbrega), *cautério*! Imagina-se facilmente a que contorções de sentido algumas dessas rimas tão rebuscadas não obrigaram o tradutor de um original cujo principal mérito é a simplicidade. Outro grupo de tradutores, para evitar esse escolho, recorreu a uma inversão bastante óbvia, colocando em vedeta a outra palavra-chave: "Guardo um mistério n'alma e na vida um segredo." Mas a palavra *segredo* tampouco tem muitas consoantes; as que encontramos nessas versões são *medo, degredo, cedo, ledo, enredo, quedo, concedo, retrocedo, tredo* e, até, *arvoredo* e *rochedo* — muitos dos quais ainda impõem alterações radicais ao significado.

Não admira, pois, que um terceiro grupo haja preferido uma terceira fórmula, esta também relativamente óbvia, aproveitando para final o vocábulo *vida*, ao qual pelo menos não faltam rimas na língua (entre as muitas utilizadas pelos aderentes do grupo assinalemos, afora outras, menos extravagantes, *homicida, guarida, apetecida, desprendida, consumida, indormida, renhida, intimida, esbatida, insofrida, descabida*); mas, escolhida esta solução, surgia outra dificuldade, pois inutilizava as traduções naturais da segunda rima, em *-u* em francês: *concebido, sabido, despercebido, recebido* — embora dois tradutores não tenham recuado ante a monotonia excessiva representada pelas terminais *-ida, -ido, -ida, -ido, -ida, -ido*.

Poderíamos continuar pelo exame das três demais rimas — se o das duas primeiras já não nos tivesse revelado as dificuldades do teste. Preferimos oferecer aos leitores a última em data das versões brasileiras (não consignada por Mello Nóbrega)[74] deixando que se deem ao trabalho de compará-la com o original.

Eu vivo este segredo, sofro este mistério
De um amor para sempre em mim um dia havido;
É um mal sem esperança oculto sob o império
Do mal que ela me fez sem ter nem percebido.

Meu Deus! se viver como sombra é ter vivido,
Se isso é conviver, com um ente sendo etéreo,
Fui ao fim do meu ermo — um ser e um ermitério
Sem nada receber nem nada haver querido.

E ela, Deus embora a tenha feito terna,
Vivendo o seu viver e ausente, alheia, eterna
Ao amor que murmuro ajoelhado em seus rastos,

Ela inteira em meus versos, fiel, de olhos castos,
Austera, a ler, com pena e a dizer, se disser
Sem sequer compreender: — "Quem será essa mulher?"

---

[74]Martim. *Contoema,* São Paulo, s.d., s.e.

Passando por Paris em 1964 tive a alegria de conhecer pessoalmente o organizador da célebre *Antologia da poesia húngara*,[75] cujo nome me era familiar havia muitos anos. O saudoso Ladislas Gara era desses homens que valem por uma instituição. Escritor húngaro radicado na França desde a sua mocidade, traduziu do húngaro para o francês, sozinho ou em colaboração, uma biblioteca inteira, possibilitando assim a integração das principais obras magiares na corrente viva da literatura universal. As dificuldades do seu trabalho eram imensas. Cumpria convencer as editoras francesas de que existia uma literatura húngara digna de conhecimento, e aos críticos e aos cronistas de que as traduções, executadas com labor beneditino, mereciam exame e discussão.

Complicavam ainda a tarefa os avatares da situação política que tantas vezes opunham a Hungria oficial à França. Como poderia a elite francesa suspeitar a permanência de fundas simpatias pró-Ocidente na intelectualidade de um país de Governo nazista ou stalinista? Cada reviravolta da política forçava o tradutor apóstolo a recomeçar a sua pregação, a procurar ouvidos pacientes para explicar mais uma vez que as letras húngaras eram o que havia de melhor e de mais genuíno naquela entidade nacional fustigada e deformada pelos golpes da História. Por outro lado, ele tinha de enfrentar mais de uma vez a antipatia quando não a hostilidade aberta dos meios oficiais de seu país que prefeririam àquele divulgador de valores espirituais um propagandista de teses efêmeras.

---

[75] *Anthologie de la poésie hongroise,* Paris, Editions du Seuil, 1962.

No meio de tantos percalços — e nem falamos dos sofrimentos que lhe deve ter acarretado a ocupação nazista na França, nem das limitações materiais inerentes à sacrificada profissão de tradutor, nem do fogo íntimo que o consumia e acabou por levá-lo ao suicídio — esse homem realizou sozinho o trabalho de toda uma equipe de intelectuais e de várias repartições no setor de intercâmbio cultural, de tal forma que o seu nome no frontispício dum livro equivale a um certificado de garantia.

Percorrendo a *Antologia*, percebe-se o que esse volume de quinhentas páginas deve ter exigido de amor, esforço e escrúpulo. Quem vive fora da Hungria, só por meio de um trabalho exaustivo pode manter-se a par da vida literária do país, enquanto tem de acompanhar simultaneamente a produção de autores emigrados, espalhados por todo o Ocidente, e cuja obra nem por isso deixa de fazer parte do *corpus* poético da nação. Pois bem, esse livro francês proclama, melhor do que qualquer coletânea húngara, a unidade da poesia magiar apesar das dilacerações do momento. Prefaciado esplendidamente por um dos grandes exilados, o ensaísta László Cs. Szabó, oferece um largo panorama não só dos clássicos, mas também dos poetas significativos que vivem na Hungria; e essa imparcialidade é reafirmada nas excelentes notas introdutórias do próprio organizador.

O assunto desta resenha, porém, não é a poesia húngara, e sim a feição originalíssima da *Antologia* de Ladislas Gara. Este encomendara "textos de base", quer dizer, versões fiéis, embora não literais, dos originais selecionados a uns vinte colaboradores húngaros conhecedores do francês.

Submetidos a revisão, esses textos foram entregues a 49 poetas franceses, alguns internacionalmente conhecidos, convidados com base na afinidade que pudessem ter com os autores dos trechos escolhidos.

Recorrendo a poetas, o organizador deixara-se inspirar em suas reminiscências da Hungria, cujos maiores poetas, por assim dizer sem exceção, se têm sempre esmerado na tradução poética. Ajudados pela extrema flexibilidade da língua magiar e pela incomparável maleabilidade do verso húngaro, têm-se eles dedicado a implantar na Hungria Homero e Horácio, Dante e Shakespeare, Puchkin e Hugo, Rilke e Valéry em forma idêntica à do original, respeitando a estrutura e o ritmo, o número de sílabas e a disposição das rimas. Esse virtuosismo transformara-se, com o tempo, em tradição e brio. Na impossibilidade de reproduzir *todos* os valores do original, os intérpretes se conformavam com o sacrifício do sentido exato, tentando suscitar, pela maior fidelidade possível na transposição dos elementos musicais, impressão de conjunto análoga.

Imbuído dessa tradição, Ladislas Gara julgara que o in-verso — a tradução de poetas húngaros em versos franceses, por poetas franceses — também devia ser tentado. Aí, po-rém, ele tropeçava numa tradição contrária. Segundo velho lugar-comum, o verso francês, com suas regras rígidas, presta-se pouco à tradução. Nem fora por acaso que Gérard de Nerval traduzira em prosa o *Fausto* e Leconte de Lisle as epopeias homéricas. Tolhido pelas peias da sua métrica, com poucos recursos à sua disposição, como poderia o poeta francês reproduzir a variedade quase infinita das formas líricas da poesia húngara? A dificuldade parecia tanto mais intransponível quanto a língua húngara bem mais concisa que a francesa, necessitada de muito mais palavras do que ela, para exprimir a mesma ideia.

Mas, no entender de Ladislas Gara, dificuldade não significava impossibilidade. Num momento em que os tabus da poesia tradicional francesa — o hiato, a assonância, a recorrência de pares de rimas masculinas ou femininas etc. — desapareciam ou se transformavam em provocações, já não se compreendia o respeito a uma tradição obsoleta.

Conseguiu transmitir essa convicção aos poetas seus colaboradores, os quais se submeteram de bom grado a tentar verter em versos os poemas húngaros. Mais de um poema foi objeto de várias tentativas "destinadas a servir a obra, a chegar-lhe ao cerne, a transmitir-lhe a mensagem". No Posfácio do volume, documento valioso para todos os estudiosos da arte de traduzir, reproduzem-se várias dessas tentativas simultâneas. Um poemeto de János Arany, por exemplo, é interpretado por Jean Rousselot, que, para manter todos os matizes da ideia, alonga os versos, e por Michel Manoll, o qual, conservando a alternância dos versos de oito e sete sílabas, sacrifica decididamente algumas nuanças do conteúdo.

Mais intraduzível se mostrava uma canção de Petöfi, combinação de decassílabos brancos e eneassílabos rimados, arranjo insólito em francês. Os tradutores teriam de transigir: cometeriam infidelidades de pormenor, porém manteriam "a verdade essencial: a de um belo poema que canta". Dos onze tradutores, houve quem empregasse alexandrinos; outro que adotou octossílabos; um deles manteve a alternância de versos brancos e rimados; dois deram, até, duas versões diferentes — do que resultaram nada menos de treze versões, algumas de real beleza, do trecho aparentemente intransponível.

Numa demonstração ainda mais candente da exequibilidade de versões poéticas em francês, obteve Gara 22 versões da primeira estrofe de "A Morte de Buda", de Arany, considerada por muitos a mais bela quadra de toda a lírica magiar. Poderiam alguns responder que esse virtuosismo, possível quando se trata de uma quadra, se torna impraticável no caso de poesias inteiras de certa extensão. Pois bem, a réplica a essa objeção encontra-se numa plaquete curiosa, que constitui uma espécie de complemento à *Antologia*, com dezessete traduções, devidas a quinze poetas franceses, de *O velho cigano*, a apocalíptica rapsódia de Vörösmarty, escrita em 1854,[76] e cuja interpretação até hoje dá trabalho à crítica húngara. Com essas traduções pode-se considerar resolvido o problema da quadratura do círculo que era, até agora, a tradução poética em francês.

Esse poema figura, aliás, na própria *Antologia* numa décima oitava versão, que constitui um centão, a síntese das outras dezessete, uma fusão realizada pelo próprio organizador. Especialmente interessado em problemas de métrica, este ainda inclui no Posfácio explicações sobre as tentativas de reprodução de versos "clássicos" sem equivalente em

---

[76]Mihály Vörösmarty. *Le vieux tzigane*. Textes recueillis et commentés par Ladislas Gara avec la collaboration de Gyula Sipos, 16 rue Saint-Séverin, Le Pont Traversé, Paris, 1962.

francês: o hexâmetro, o dístico elegíaco, os versos sáfico, asclepiadeu etc. O exame das soluções adotadas no volume leva-o a confessar que toda aquela experimentação não autoriza nenhuma conclusão de ordem geral: "A adaptação de cada poema levanta um caso especial, a exigir de cada vez uma solução particular."

Mas o trabalho de laboratório acabou apaixonando não somente a Ladislas Gara, senão também aos poetas seus colaboradores, pois em 1963 se lançaram mais dois volumes executados com a mesma técnica. Trinta e seis adaptadores, utilizando textos de base fornecidos por quinze tradutores, contribuíram para a *Homenagem a Lajos Kassák*, esse poeta-pintor de origem operária desde 1909 em contato com o grupo Apollinaire-Cendrars-Picasso-Modigliani e a quem Michel Seuphor chama "um dos pais da cultura moderna".[77] Ao mesmo tempo, 38 poetas, servidos também por quinze tradutores, fizeram questão de se tornar intérpretes do maior poeta vivo da Hungria, Gyula Illyés, dando de alguns poemas seus duas, três e até nove versões.[78]

Menos provas e de qualidade menos indiscutível teriam bastado para demonstrar aos próprios poetas franceses que o idioma francês não é refratário à tradução em verso. Ao mesmo tempo a atenção foi atraída para uma literatura até agora quase inacessível e que deve conter uma mensagem importante, se é capaz de animar tantos esforços.

---

[77]*Hommage à Lajos Kassák*. 102 rue de la Lune, Dilbeek-Bruxelles, La Maison du Poète, 1963.
[78]*Hommage à Gyula Illyés*. La Maison du Poète, Occidental Press, 1963.

Três anos depois da *Antologia* de Gara, saiu na mesma edição uma *Anthologie de la poésie polonaise*, organizada por Constantin Jelenski, segundo o mesmo método, com a colaboração de poetas franceses. Em seu prefácio, o compilador saudava o método de Gara como uma solução definitiva.

O fervor de Ladislas Gara conseguiu transformar o problema da difusão da poesia húngara em problema francês, nele interessando poetas, críticos e editores da França. A chama que escapava da sua oficina deixava entrever o aparecimento de uma consciência literária europeia. Por outro lado, os resultados técnicos da sua experiência oferecem mais de uma sugestão para a difusão de outras literaturas no mundo, inclusive a brasileira.

7. SALDOS DE BALANÇO

Minhas reminiscências de tradutor. Começo traduzindo odes de Horácio numa atmosfera saturada de influência latina. Mecanismo íntimo da tradução poética. Torno-me tradutor de letras húngaras em francês. Diferenças intrínsecas entre tradução e versão. Curiosidades da língua húngara. Experiências de tradutor comercial e técnico. Como descobri a poesia brasileira. Dificuldade de aprender português na Hungria da década de 1930. No Rio de Janeiro, encontro providencial com Aurélio Buarque de Holanda Ferreira. O que foi a versão de *Mar de histórias*. Tradução a quatro mãos e mais. A versão para o francês das *Memórias de um sargento de milícias*. O que fiz para difundir a literatura húngara no Brasil. Outras traduções minhas. Estudos sobre teoria e técnica da tradução e trabalhos conexos.

PARECE-ME INDICADO encerrar este livro com dois capítulos de caráter mais pessoal, antes de reminiscências que de doutrina, para evocar fatos e dados da minha própria experiência, ligados à longa prática da tradução. Daí o uso talvez excessivo do pronome da primeira pessoa, pelo quê peço desculpas ao leitor. Ora, a frase de Pascal — *"Le moi est haissable"* — a ninguém se aplica com mais justiça do que ao tradutor, modesto intermediário de mensagens alheias. Mas talvez suas confidências sobre as suas motivações, seus métodos de trabalho, suas dificuldades e as soluções a que tem recorrido possam ter algum interesse para os colegas do ofício e mesmo para o público em geral. Ainda mais quando, como no meu caso, a sua prática se estenda por assim dizer a todas as modalidades da tradução, assim como à maioria das atividades afins. Quero tratar rapidamente de todas elas, antes para sugerir ideias e abrir perspectivas do que para tirar conclusões ou ensinar truques.

Para tornar os episódios desta sequência mais compreensíveis, direi que, olhada neste momento, a minha vida se divide em duas partes mais ou menos iguais, a primeira delas passada na Europa e a segunda no Brasil.

O meu país de nascimento, a Hungria, é um daqueles em que por mais tempo perdurou a influência da língua latina.[79] No começo do século passado o idioma falado no parlamento magiar era o latim. Durante séculos ele fora a língua dos homens, especialmente dos homens da classe dominante. Os grandes romances do século passado estão cheios de palavras e frases latinas. A poesia latina influenciou muito a húngara; no fim do século XVIII surgiu uma escola poética que se intitulava latina e, aproveitando a existência nítida de vogais breves e longas na língua húngara, adotou e desenvolveu a versificação clássica. No curso secundário do

---

[79]Cf. Paulo Rónai. "L'influence de la langue latine sur la langue et la littérature hongroises", in *Romanitas*, nº 9, Rio de Janeiro, 1971.

meu tempo ainda se aprendia latim em seis aulas semanais durante oito anos.

No começo, a gramática me assustou; mesmo depois, mais tarde, quando nos faziam ler César, Salústio, Tito Lívio e Cícero, eu partilhava ainda da ojeriza da maioria de meus companheiros de turma.

O deslumbramento veio com Virgílio no dia em que logrei escandir sozinho um hexâmetro. Comecei a encontrar prazer quase sensual naqueles versos que, aparentemente iguais, na verdade eram de extrema variedade musical; decorava-os, saboreava-os, recitava-os para mim mesmo. Transplantar poesia latina era, aliás, costume de longa tradição no país. Quando, no segundo milenário de Virgílio, uma revista de Budapeste me encomendara um artigo sobre a *Eneida*, uma pesquisa rápida na Biblioteca Nacional da Hungria revelou-me existirem lá nada menos de doze traduções do poema. Se escapei à tentação de acrescentar-lhes mais uma, é que fui conquistado por Horácio, cujas velhas estrofes sáficas, asclepiadeias e alcaicas paradoxalmente rejuvenesceram, a meu sentir, os eternos lugares-comuns da poesia: a brevidade da vida, o pavor da morte, a busca da felicidade, as complicações do amor. Primeiro foi para o meu prazer que tentei traduzir uma das odes. Ao vê-la publicada, voltei a ceder à tentação.

De Horácio passei aos poetas do amor: Catulo, Tibulo e Propércio; depois ao Ovídio das *Metamorfoses* e dos *Tristes*, ao Virgílio das *Bucólicas*, ao Marcial dos *Epigramas*. Deixei-me conquistar pelos líricos da decadência, Pentádio, Tiberiano, Dracôncio, sem preocupar-me com a sua autenticidade.

Sonhei noites a fio com o *Pervigilium Veneris*, desesperando-me com o inimitável laconismo de seus versos curtos, a música intransponível dos seus troqueus, a estranha sonoridade de suas aliterações, até que a versão do estribilho se me vislumbrou de relance. Entre os poetas do hinário cheguei a Prudêncio, entre os da Renascença a Johannes Secundus e alguns outros, dos quais nunca ouvira falar em aula e que me eram mais caros por isso mesmo que os descobria sozinho. Parei em Giovanni Pascoli, nosso contemporâneo, esse amante atrasado do ritmo latino.

Vertia-os com uma exaltação que hoje não logro reconstituir. Cada poema traduzido era um desafio vencido. Quinze anos após, ao despedir-me forçado da Europa, deixei com uma editora uma antologiazinha de minhas traduções de dois mil anos de poesia latina. Já estava no Rio de Janeiro quando o volume saiu em Budapeste em edição bilíngue.[80]

Agora, a cinquenta anos de distância, se tento reconstituir o processo que adotei no transplante da lírica latina para a minha língua, vejo o que ele tinha de inconsciente. De tanto os ler, aprendera sem sentir dezenas de poemas, um dos quais se apoderava de chofre da minha mente e não me largava. Recordava-o antes de dormir, murmurava-o, ouvia-o recitado por voz imaginária. Isso durava, por vezes, várias semanas até que de repente surgia no meu espírito, pronta e perfeita, a primeira estrofe ou, nos casos de Ovídio, Tibulo ou Propércio, o primeiro dístico. Não tinha

---

[80]*Latin Költök, Rónai Pál fordításában latinul és magyarul. (Poesia latina* na tradução de Paulo Rónai, em latim e em húngaro.) Budapeste, Officina, 1941.

contado nem medido sílabas, nem tentado preencher um esquema métrico esboçado em papel. O ritmo impunha-se interiormente. Prontos os primeiros versos, podia-me sentar à mesa e em pouco tempo, algumas horas apenas, a poesia inteira estava no papel, num primeiro jato.

Imagino que durante aquela assimilação e transformação íntima da estrofe inicial eu não estava traduzindo palavras. Os dizeres da frase latina tinham-se diluído, depois condensado numa espécie de imagem visível em que se destacavam algumas manchas essenciais: estas é que reapareciam depois naquela primeira versão mental. Assim na primeira ode que traduzi:

> Vides ut alta stet nive candidum
> Soracte nec iam sustineant onus
> Silvae laborantes geluque
> Flumina constiterint acuto,[81]

gravaram-se as noções de inverno, gelo, alvura, árvores mal aguentando a sua carga de neve; e como nota auditiva essencial o nome mágico de Soracte.

Experiência bem diversa foi a que tentei, tempos depois, em Paris, onde tive a sorte de passar mais de dois anos com bolsa de estudos. Por sugestão de um colega da faculdade, tentei verter para o francês umas poesias húngaras[82] e uns

---

[81]Horácio, *Odes*, I, 9.
[82]Algumas estão incluídas em *Anthologie de la poésie hongroise*, par J. Hankis et L. Molnos, Paris, Editions du Sagittaire, 1936.

contos húngaros[83] e verifiquei a diferença intrínseca que faz da tradução e da versão duas operações tão diferentes que quase nada têm em comum. Ao traduzirmos de uma língua estrangeira para a nossa, o problema central é o da compreensão completa. Procuramos penetrar o texto em todos os seus pormenores, compreender-lhe as intenções, situá-lo dentro do contexto cultural da civilização onde foi produzido. As poesias latinas que eu traduzia já tinham sido analisadas, comentadas, vertidas, citadas por longas gerações de mestres e estudantes; nelas nada sobrava de opaco: tratava-se apenas de recriá-las numa língua que eu tinha a impressão de dominar e dobrar com inteira facilidade. A questão reduzia-se a um problema de inspiração momentânea, de intuição feliz.

Já na versão para o francês, o problema se deslocava. Foi quando descobri a inexistência de equivalentes perfeitos entre essa língua e a minha. Os tersos vocábulos franceses, alisados e desbastados por séculos de uso culto, não correspondiam às palavras húngaras, umas rústicas com sabor de terra, outras muito novas, recém-criadas para satisfazer necessidades urgentes. Todo o sistema de derivação era radicalmente diverso, as famílias de palavras constituíam-se de outros elementos e carregavam sugestões totalmente diversas. Para a grande maioria de vocábulos, os dicionários bilíngues então existentes, pequenos e ruins, não serviam; era necessário procurar correspondências noutras fontes,

---

[83]Alguns estão incluídos em *Anthologie de la prose hongroise*, par J. Hankis et L. Molnos, Paris, Editions du Sagittaire, 1938.

por meio de longas investigações. Mas a dificuldade maior começava depois de vencido o problema das equivalências. Manejando uma língua que não seja a nossa, por melhor que a conheçamos, se podemos aprender o que nela se diz, falta-nos a intuição do que não se pode dizer. Ao escrevermos na língua materna, formulamos incessantemente com palavras conhecidas frases nunca dantes forjadas, mas um instinto misterioso elimina todas aquelas que o espírito da língua, embora não codificado, proibiria dizer. Esse instinto falta-nos em relação à língua alheia. Percebi-o logo e desde a primeira versão recorri à colaboração de amigos franceses, Maurice Piha e Jean François-Primo.

Quando voltei a Budapeste, tornei-me colaborador de uma revista de língua francesa que se propunha divulgar a Hungria no estrangeiro,[84] para a qual durante quase dez anos escolheria e traduziria um conto por mês, além de artigos diversos e até, de vez em quando, uma que outra poesia. Essa atividade resultou das mais frutuosas, pois me fez desenvolver um método de tradução a quatro mãos. Cada vez que sentia a inadequação de uma solução adotada, acrescentava outra ou outras em linhas superpostas para a opção do colaborador. Quando não me ocorria outra solução, mas sentia a imperfeição da que tentara, punha à margem um ponto de interrogação ou mesmo algum comentário. Nem por isso eu deixava de estar presente enquanto o colaborador amigo (François Gachot ou o saudoso Henri Ancel) lia a versão. Graças a esse exercício habituei-me a, partindo

---

[84]*Nouvelle Revue de Hongrie*, de 1932 a 1940.

das estranhas estruturas orientais, fino-úgricas (que a mim pareciam óbvias), reordenar o enunciado de acordo com os padrões ocidentais.

Para dar uma leve ideia dessa operação direi que na maioria das línguas de cultura a afirmação "Tenho um livro" se formula de maneira semelhante à do português: *Habeo librum, J'ai un livre, I have a book, Ich habe ein Buch*, e assim por diante. Quem começa a estudar russo surpreende-se ao verificar que nessa língua a ideia é expressa sem um verbo correspondente a "ter": *U menia kniga* ("a mim um livro"). Pois em húngaro o substantivo também passa de objeto direto a sujeito; de mais a mais, ele assume terminações diferentes, semelhantes às desinências verbais, de acordo com a pessoa do possuidor, enquanto, ao seu lado, o verbo permanece invariável: *"Van könyvem", "Van könyved", "Van könyve", "Van könyvünk"*. Dir-se-ia que o substantivo passou a ser conjugado, como se disséssemos: "Existe livro, existe livras, existe livra, existe livramos..." O exemplo talvez não seja formulado em termos exatos de linguística, mas deixa imaginar os meandros de um sistema de expressão[85] desafiador de todas as categorias do discurso que parecem as únicas possíveis aos falantes de línguas neolatinas ou germânicas.

Porém ainda estou na Hungria, com o meu diploma novinho em folha na mão. O momento era de crise eco-

---

[85]A respeito da língua húngara, ver João Guimarães Rosa, "Pequena palavra", in *Antologia do conto húngaro*, 3ª ed., Rio de Janeiro, Artenova, 1975, e "Retrato íntimo de um idioma" em meu livro, *Como aprendi o português, e outras aventuras*, 2ª ed., Rio de Janeiro, Artenova, 1975.

nômica e desemprego agudo, e levei anos a conquistar um empreguinho de professor. Mas como no entretempo era preciso viver, saí à procura de bicos, e estes surgiram naturalmente no domínio da tradução.

Desta vez, porém, tratava-se de tradução comercial e técnica, muitas vezes ligada a setores de que não entendia nada. Contei há tempos em meu livro *Escola de tradutores*[86] alguns episódios tragicômicos e pitorescos dessa fase. Os assuntos variavam da descrição de patentes a certidões de casamento, bulas de remédios e especificações de orçamentos de construção. Parte desse trabalho era-me pedida por um escritório de traduções, outra por tradutores juramentados, que sublocavam tarefas a *ghost-translators* necessitados e exploráveis. Foi essa atividade que matou as minhas ilusões acerca da utilidade absoluta dos dicionários bilíngues, ensinando-me aos poucos a suprir-lhes as deficiências pelo recurso a manuais técnicos, obras especializadas e catálogos e pela organização de outras tantas minidocumentações e minivocábulos quantos eram os setores em que me via envolvido. Poucas vezes o freguês que encomendava o trabalho me fornecia alguma documentação auxiliar; em geral eu mesmo tinha de encontrá-la, a duras penas.

Mas, como o que não mata engorda, terminei iniciando-me aos poucos na tradução técnica e comercial, sem desenvolver muito interesse em qualquer tipo de técnica ou qualquer ramo de comércio. O que me salvou dessa ocupação foi o convite de uma agência telegráfica que fornecia

---

[86] *Escola de tradutores*, 4ª ed., Rio de Janeiro, Educom, 1976.

um extrato diário dos jornais às embaixadas estrangeiras cujos funcionários ignoravam o húngaro. O material era selecionado, resumido e imediatamente traduzido para o alemão por um colega que ditava a versão a uma datilógrafa. A primeira via ia para o mimeógrafo, enquanto a segunda e a terceira eram traduzidas em duas salas ao lado para o inglês e o francês e ditadas para duas outras datilógrafas. O serviço nada teria de difícil, pois em tempo relativamente curto a gente consegue apropriar-se do jargão jornalístico e de seus clichês; o diabo era que as três versões tinham de estar, mimeografadas, nas mãos dos diplomatas assinantes na hora do café da manhã. Era uma corrida louca contra o relógio, pois dispúnhamos apenas de uma hora e poucos minutos para tradução, datilografação, revisão e mimeografagem de seis laudas de texto. Desincumbíamo-nos da tarefa como Deus era servido e, se algumas vezes surgiam complicações com a censura, não me lembro de reclamações dos assinantes. Pago um pouco melhor do que os atestados de óbito, esse trabalho ensinou-me a contornar dificuldades, cortar o supérfluo, recorrer a circunlóquios, condensar, habilidades que só devem ser utilizadas *cum grano salis* e apenas em textos meramente informativos, mas não em se tratando de obras de valor estético.

Ao lado desse meio de subsistência, perseverava nas ocupações que me distraíam e me ajudavam a aguentar as ansiedades do período turvo do pré-guerra. À tradução de poesia latina para o húngaro e à versão de autores húngaros para o francês, um acaso me fez acrescentar outro passatempo, que se transformaria na grande aventura intelectual da minha vida: o descobrimento do Brasil através de sua literatura. No decorrer dos anos, professor de latim, francês e italiano que era, acabara de traduzir também, ao lado dos líricos latinos, poetas da França e da Itália. Daí a pouco uma curiosidade natural em um romanista levou-me a ler autores de língua castelhana e a verter alguns líricos, especialmente da Colômbia, de onde me chegavam, de vez em quando, livros e revistas. Daí à língua portuguesa era apenas um passo. Fui acrescentando à minha coletânea de traduções sonetos de Antero de Quental, algumas quadras populares, a canção da Nau Catrineta.

Já contei no meu livrinho *Como aprendi o português, e outras aventuras*[87] a sucessão de acasos e coincidências que me fizeram entrar em contato com as letras do Brasil numa época em que na Hungria não era possível encontrar nenhum livro deste país, nem de Portugal, nem eu conhecia qualquer luso ou brasileiro que me pudesse fazer ouvir uma frase sequer em português. Contei também como aos poucos foram chegando às minhas mãos volumes de poesia do Brasil. Hoje compreendo como era temerário pensar que na base apenas daquelas remessas de livros que chegavam ao acaso, remetidos pelos autores ou por instituições, poderia formar uma imagem do que seria o sentimento brasileiro da vida, sem ter em mão um fio condutor nem possuir uma ideia aproximada sequer do que era o Brasil físico em sua

---

[87]V. nota 8.

imensa variedade. Mas eram tempos opressivos em que era preciso ter-se pelo menos alguma miragem para sobreviver.

Inicialmente dispunha só de um dicionariozinho português-alemão, que tudo ignorava do português do Brasil e a que faltava, por exemplo, a palavra *paulista*, existente no título da *Antologia de poetas paulistas*, o primeiro livro brasileiro que veio ter às minhas mãos. Durante meses devia dar tratos à bola para adivinhar o sentido de vocábulos estranhos, imaginar a forma e o sabor de frutas nunca vistas, calcular o tamanho e a cor de bichos lendários, compor na mente paisagens baseadas em inconsistentes fragmentos verbais. Encontrei, por fim, um amigo epistolar na pessoa do saudoso poeta e diplomata Ribeiro Couto, então residente na Holanda. Mas como perguntar-lhe tudo o que eu gostaria de saber, e sobretudo aquilo que não sabia ignorar? Como caberia a imagem do Brasil nas cartas que o meu prestativo amigo me mandava nas raras folgas do seu trabalho? Certa vez pedi-lhe esclarecimentos a respeito da palavra *morro*: ele deu-me as traduções inglesa e francesa e, solícito, desenhou a silhueta de um morro. Ora, isto eu já sabia graças ao dicionariozinho de Luisa Ey; o que não entendia era a conotação do termo dentro do contexto urbano do Brasil, onde *morro* era equivalente de favela de pobres, enquanto as colinas e outeiros da Europa, inclusive os da minha cidade, abrigavam palacetes de ricos.

Contudo, aos arrancos e solavancos acabei traduzindo um punhado de poesias brasileiras, desde a "Essa Negra Fulô", de Jorge de Lima, até "No meio do Caminho", de Carlos Drummond de Andrade. Ao verter o "Acalanto do Seringueiro", de Mário de Andrade, estaquei ante um obstáculo especial: não havia em húngaro palavra para "seringueiro". Tive de formá-la eu mesmo pela junção de três vocábulos que significam respectivamente borracha, árvore e lancetador, e acabaram dando um neologismo de sonoridade expressiva em 16 letras: *kaucsukfacsapoló*. Depois, reuni essas poesias num livrinho, *Mensagem do Brasil*,[88] o primeiro livro húngaro[89] traduzido do português do Brasil, que saiu em Budapeste no dia exato em que estourou a Segunda Guerra Mundial.

Ano e meio depois, contra toda a verossimilhança, eu estava no Rio de Janeiro, armado apenas de leituras, trazendo de cor algumas poesias e com um mínimo de exercício de português falado, feito nos dois meses em que esperava condução em Lisboa. Foi quando se iniciou a segunda metade da minha vida.

Gostaria de, neste ponto, dirigir um apelo aos jovens que me leem para convidá-los a reproduzirem a minha aventura. Em primeiro lugar, dizer-lhes da alegria que há em se aprender sozinho uma língua estrangeira, penetrar-lhe aos poucos os segredos, finalmente dominá-la e ganhar através dela a chave para abrir a porta por onde se penetra num mundo novo. No meu tempo e ainda no meu caso especial os recursos disponíveis eram mínimos. Não existiam discos para o aprendizado linguístico, escasseavam

---

[88] *Brazilia Üzen* ("Mensagem do Brasil"). Budapeste, Vajda János Társaság, 1939.
[89] O segundo foi de Ribeiro Couto, *Santosi Versek* ("Poesias de Santos"), também tradução minha. Budapeste, Officina, 1940.

facilidades de comunicação — e as poucas que havia dantes tinham desaparecido por causa das ameaças de guerra e do início das hostilidades. Hoje o mundo está menor, na metade de um dia pode-se chegar a outro continente, e no Brasil se encontram naturais de todos os países da Terra. Ora, se há um estudo que traz consigo grandes satisfações íntimas é sem dúvida o das línguas estrangeiras.

O segundo apelo que lhes faço é: não se limitarem às grandes línguas mundiais. Um país como o Brasil comporta alguns conhecedores de qualquer língua. Atualmente até para encontrar tradutores de alemão as nossas editoras enfrentam dificuldades. E, no entanto, que grandes serviços poderia prestar um jovem inteligente, com veleidades literárias, que conhecesse bastante uma língua menor, trazendo-nos diretamente a mensagem intelectual de países como a Holanda, ou a Suécia, ou a Tchecoslováquia, ou mesmo, e por que não, a Hungria?

Chegar a um país novo, nunca visto, cuja língua mal se balbucia, e começar a traduzir para a língua deste país é, evidentemente, uma temeridade; e se eu me atrevi a isso, era mais por um vício enraizado que por um raciocínio lógico. Neste ponto acaba a exemplaridade que pode ter a minha história, pois aqui intervém um acontecimento fortuito, pouco suscetível de repetição. Nos primeiros dias de minha estada no Brasil conheci Aurélio Buarque de Holanda Ferreira, com ele travei amizade, e, ele, generosamente, se fez meu professor através da correção dos trabalhos que lhe submeti.

No decorrer de nossos contatos surgiu aos poucos a ideia de, aproveitando os conhecimentos de ambos, organizarmos uma vasta *Antologia do conto mundial*, que nós mesmos fôssemos selecionar, prefaciar, comentar, anotar e, sobretudo, traduzir. Egoisticamente logo descobri o proveito que poderia tirar de uma colaboração permanente; mas Aurélio achou também alguma sedução na ideia, pois entusiasmouse por ela. Durante trinta anos ou mais, consagramos horas incontáveis a esse trabalho, cujo fruto visível são os quatro volumes, por enquanto incompletos, de *Mar de histórias*.[90] À medida que íamos trabalhando, ampliavam-se as proporções da obra e ela acabaria tendo dez volumes em vez de quatro, se outra sedução, de alcance cultural ainda mais importante e mais conforme à própria vocação, não tivesse levado o meu mestre e amigo para o campo da lexicografia, onde ele acabou por publicar esse monumento que é o *Novo dicionário da língua portuguesa*.

Inicialmente, tínhamos resolvido traduzir nós mesmos todo o material ou quase todo, recorrendo, no caso de línguas que não conhecíamos, a versões existentes, e verificando cuidadosamente em tais casos a qualidade do trabalho. Dividimos entre nós a tarefa da seguinte maneira:

---

[90]Aurélio Buarque de Holanda e Paulo Rónai, *Mar de histórias. Antologia do conto mundial*, vols. I a IV, José Olympio, 1945/1963. — Reedições parciais: *Contos franceses, Contos russos, Contos ingleses, Contos norte-americanos, Contos italianos, Contos alemães,* pelas Edições de Ouro, Rio de Janeiro. — Reedição ampliada: *Mar de histórias*, Editora Nova Fronteira, 1° volume: *Das origens à Idade Média*, 1978; 2° volume: *Do fim da Idade Média ao Romantismo*, 1979; 3° volume: *Romantismo*, 1980; 4° volume: *Do Romantismo ao Realismo*.

Aurélio traduziria os textos escritos em francês e castelhano, eu os escritos em grego, latim, inglês, italiano, alemão, russo e húngaro; além disso ele faria a revisão de todas as traduções que não lhe coubessem. Mas logo constatamos que, de muitos contos importantes, escritos em línguas por nós ignoradas, não existia nenhuma versão em português. Fomos procurar pessoas que tivessem um desses idiomas como língua materna e, ao mesmo tempo, conhecimento razoável do português, e lhes pedimos uma tradução literal, crua, desgrenhada, que depois nós íamos pentear. Assim se conseguiram textos de base das línguas escandinavas, do holandês, do tcheco, do esloveno, do letão e do turco. Mas acabamos percebendo que a falta de inclinação ou de prática literária em parte de nossos colaboradores produzia muitas vezes um *mot à mot* cheio de armadilhas, às quais nem sempre conseguíamos escapar enquanto revíamos o trabalho. Pareceu mais oportuno recorrer a traduções indiretas de valor comprovado e assim pudemos ter acesso a literaturas exóticas como a chinesa, a persa, a hindu, a finlandesa, a catalã, a flamenga, a iídiche. Onde podíamos, garantíamo-nos nestes casos pelo cotejo de traduções em duas línguas diferentes. Quanto às minhas próprias traduções revistas por Aurélio, adotávamos o sistema já aplicado por mim na Europa, mas aperfeiçoado. Comigo ao lado, mestre Aurélio revia e corrigia o conto traduzido, interrogando-me em caso de dúvida e, para sorte e edificação minha, dando-me a razão de suas modificações e correções. Redatilografada, a tradução era relida outra vez.

Embora várias vezes interrompido, deu-nos esse trabalho importante inúmeras alegrias e compensações. Quanto
maior a dificuldade, tanto maior o estímulo e a satisfação
pelo obstáculo superado. Ocorrem-me em particular, a
esse respeito, o estilo barroco, prolixo e gárrulo de Lúcio
Apuleio no episódio *Amor e psique*,[91] cheio de aliterações,
assonâncias e figuras; a linguagem imaginosa e florida da
Lenda áurea; a prosa rimada do *Livro do papagaio*, que nos
levou a criar uma variante vernacular da macama persa;
a divertida gíria dos gatunos "Rinconete e Cortadillo",
retratados por Cervantes; a confusão intencional do *Diário de um louco*, de Gogol; a precisão calculada da prosa de
Flaubert, o despojamento de Kafka. Nos longos serões
passados nesse entretenimento cheguei à convicção de
que a maneira ideal de ler e absorver integralmente uma
obra-prima era traduzi-la. Aí, nada de leitura dinâmica,
em diagonal, para colher apenas por alto o sentido e correr direto ao desfecho: saboreia-se cada palavra, lê-se nas
entrelinhas, penetra-se o estilo do escritor, aprende-se a
conhecê-lo de perto e a amá-lo.

A situação nova para mim, em todo esse empreendimento, era a obrigação de traduzir textos de várias línguas
estrangeiras para uma que tampouco era a minha: o português. Graças à presença contínua do meu colaborador
e amigo fraternal, essa tarefa quimérica, que poderia ter

---

[91]Publicado separadamente, com o texto revisto, em 1956, pela Editora Civilização
Brasileira.

redundado em fracasso, terminou revelando-se um processo único de aprendizado.

Podem-se lembrar ainda, neste mesmo item, as traduções de *Servidão e grandeza militares*,[92] de Alfred de Vigny, e *Sete lendas*[93] de Gottfried Keller, feitas por mim e revistas por Aurélio; de *Cartas a um jovem poeta*[94] de Rilke, em que tive outro revisor, minha saudosa amiga Cecília Meireles, que não quis assinar a versão comigo, mas aceitou a minha colaboração em sua versão da *Canção do porta-estandarte Cristóvão Rilke*, do mesmo poeta, publicado no mesmo volume; de *Socialismo para milionários*[95] de G. B. Shaw — entre várias outras.

Anteriormente a todos esses trabalhos, tinha-me arriscado a outra audaciosa empreitada, mas em sentido oposto, ao verter para o francês, pouco tempo depois de chegado ao Brasil, as *Memórias de um sargento de milícias* de Manuel Antônio de Almeida.[96] O que dificultava a tarefa é que, além de não existir então nenhum bom dicionário português-francês feito no Brasil, não havia vocabulário, glossário, nem edição comentada desse livro delicioso. Mas o fato de eu estar vivendo dentro da realidade brasileira, na cidade que servira de cenário ao romance e no meio de amigos

---

[92]Alfred de Vigny. *Servidão e grandeza militares*, 2ª ed., São Paulo, Difusão Europeia do Livro, 1976.

[93]Gottfried Keller. *Sete lendas*, Rio de Janeiro, Civilização Brasileira, 1961.

[94]Rainer Maria Rilke, *Cartas a um jovem poeta e a Canção de amor e morte do porta-estandarte Cristóvão Rilke*. Porto Alegre, Globo, 3ª impressão, 1961.

[95]G. B. Shaw. *Socialismo para milionários*, Rio de Janeiro, Edições de Ouro.

[96]Manuel Antônio de Almeida. *Mémoires d'um Sergent de la Milice*, Rio de Janeiro, Atlântica Editora, 1944.

prestativos, tornou a compreensão incomparavelmente mais fácil do que fora, poucos anos antes, a decifração em Budapeste das poesias brasileiras que o correio me trazia. Um amigo inesquecível, o saudoso Astrojildo Pereira, percorreu comigo os velhos bairros e morros do Rio, hoje ocupados por favelas, onde o afilhado do barbeiro fizera das suas até virar sargento. O que me animou também a traduzir o livro para o francês foi a longa prática adquirida na versão, para essa língua, de contos húngaros, ainda na Europa; mesmo assim, aproveitei-me da gentileza de bons amigos, Roberto Alvim Corrêa e o saudoso Joseph Verdier, para pedir-lhes uma revisão do meu texto francês.

Gostaria de dizer, também, algo do que fiz para trazer ao conhecimento do Brasil a literatura da Hungria, minha terra natal. Essa literatura, apesar de rica e original, está condenada ao desconhecimento, em razão do isolamento linguístico da Hungria. De mais a mais, no Brasil não existia interesse especial por ela; para poder publicar autores húngaros tive de batalhar, esclarecer, convencer jornais, revistas e editoras. Como tinha de exercer, entretanto, minha profissão de professor e de autor de livros didáticos, não pude, nesse setor, realizar senão pequena parte do que desejava. Ainda assim, consegui levar às mãos dos leitores três livros que reputo de importância excepcional. Na *Antologia do conto húngaro*,[97] reuni novelas e contos dos melhores ficcionistas

---

[97]*Antologia do conto húngaro*. Seleção, tradução, introdução e notas de Paulo Rónai. Revisão de Aurélio Buarque de Holanda Ferreira, prefácio de João Guimarães Rosa, 3ª ed., Rio de Janeiro, Artenova, 1975.

da Hungria, ligando-lhes os nomes aos de dois virtuosos da língua portuguesa do Brasil: o dicionarista Aurélio, que, como em tantos outros trabalhos meus, se encarregou da revisão, e meu inesquecível amigo João Guimarães Rosa, que, à guisa de prefácio, escreveu um ensaio crítico de vinte páginas, com uma análise penetrante das características do húngaro, que, moço, ele tinha estudado na calma de seu gabinete de jovem médico em Minas. Outro tento foi o livrinho *Os meninos da rua Paulo*,[98] de Ferenc Molnár, sem dúvida uma obra-prima da literatura para adolescentes, e que teve acolhida excepcional por parte dos jovens leitores do Brasil, como o atestam suas inúmeras edições e reedições. Um terceiro tento, a tradução em versos da *Tragédia do homem*, de Imre Madách, essa obra-prima do teatro húngaro realizada com a colaboração do poeta Geir Campos,[99] saiu em 1980 e já está na segunda edição.

Talvez seja dispensável insistir nas dificuldades específicas da tradução do húngaro para o português: a falta de dicionários, a extrema diversidade das duas línguas e das duas civilizações, a inexistência de quaisquer precedentes, pois todos os livros húngaros que por algum acaso tinham conseguido anteriormente atravessar a parede da indiferença foram traduzidos através de uma, às vezes duas línguas intermediárias. O que me ajudou nessa tarefa, além da paciente competência do meu ilustre colaborador, foi o fato já lembrado de ter, durante meus anos europeus, tentado a

---

[98]Ferenc Molnár. *Os meninos da rua Paulo,* Rio de Janeiro, Edições de Ouro, 1975.
[99]Imre Madách. *A tragédia do homem*, 2ª edição, revista, Rio de Janeiro, Salamandra, 1980.

tradução de muitos textos literários húngaros para o francês, outra língua neolatina. Com isso me habituara a executar, embora inconscientemente, a necessária transposição mental que se encontra na base de toda tradução. Caso tenha saúde e forças por mais alguns anos, pretendo continuar nessa tarefa, pois apesar da presença de milhares de húngaros no Brasil ainda não apareceu nenhum membro da colônia a quem possa convidar a suceder-me.[100]

Tarefa curiosa e instrutiva para quem se interessa pelo estudo dos idiomas é o exame crítico de traduções alheias. Foi o que me coube no preparo da monumental edição de *A comédia humana*,[101] de Balzac, da qual tratarei no capítulo seguinte. Entre outros serviços, coube-me ali homogeneizar e cotejar versões de duas dúzias de tradutores. Executei sem consulta prévia aos tradutores as modificações que visavam apenas à uniformização; mas submeti-lhes todas as que envolviam diferenças de interpretação. Diga-se que essa prática encontrou por parte de todos eles a melhor receptividade.

Procedi da mesma forma na revisão da edição brasileira de *Em busca do tempo perdido,* de Marcel Proust, publicada também pela Editora Globo (sem indicação do meu nome).

---

[100]Algumas outras traduções minhas do húngaro:
Contos húngaros (complemento da *Antologia do conto húngaro*). Rio de Janeiro, Civilização Brasileira, 1961; Sándor Török. *Uma noite estranha.* Peça em 3 atos. Ministério da Educação e Cultura, 1957; Estêvão Fazekas. *O romance das vitaminas.* Prefaciada e anotada pelo dr. Dante Costa, São Paulo, Cia. Editora Nacional, 1942; *As cartas do padre David Fáy e a sua bibliografia,* Rio de Janeiro, Biblioteca Nacional, 1945.
[101]Honoré de Balzac. *A comédia humana,* vols. I a XVII, Porto Alegre, Globo, 1945-1959.

Trabalho semelhante me coube na organização dos sessenta e tantos volumes da *Biblioteca dos prêmios Nobel de Literatura*.[102] Aproveitando a lição de meus trabalhos anteriores, desta vez entreguei aos tradutores os originais acompanhados de uma folha de instruções acerca de convenções tipográficas, ortográficas e léxicas, do que resultou sensível economia de tempo na leitura da maioria das traduções. Não de todas; alguns colaboradores simplesmente não se deram ao trabalho de ler a folha.

Aconteceu-me também elaborar testes de tradução para três editoras desejosas de recrutar os seus tradutores com cuidado: a própria Delta, a Tecnoprint, lançadora das Edições de Ouro, e a Nova Fronteira. Como anteriormente assistira a vários casos em que traduções contratadas apenas na presunção de o candidato possuir os requisitos necessários tiveram de ser jogadas fora ou submetidas a demorado e extensivo trabalho de copidesque, posso afirmar que as despesas com a execução de testes prévios são infinitamente menores e muito mais compensadoras.

A prática intensa do ofício havia de levar-me naturalmente a meditar sobre ele. Daí os trabalhos que consagrei a problemas de tradução; os já lembrados *Escola de tradutores* e o *Guia prático da tradução francesa*,[103] ambos reeditados recentemente. Por inclinação natural do meu espírito, a especulação abstrata pouco me atrai e, por isso, em vez de indagar a filosofia e a metafísica da tradução, recém-abordadas por grandes linguistas, preferi ater-me a seus

---

[102]*Biblioteca dos prêmios Nobel de Literatura*, vols. 1 a LX, Rio de Janeiro, editoras Delta e Opera Múndi.
[103]Ver nota 4.

problemas concretos, com exemplificação abundante, tal como no volume presente. Posso capitular no mesmo item a versão recente de *A tradução científica e técnica*,[104] de Jean Maillot, monografia tão importante que aceitei o convite para traduzi-la e adaptá-la ao português, embora cada vez mais o meu interesse vá para a tradução literária.[105]

Estão ainda, de certa maneira, relacionadas com o assunto as minhas pesquisas sobre as línguas de comunicação internacional, algumas das quais, especialmente o esperanto, nasceram com pretensões a língua de tradução. Reuni meus estudos relacionados com esse tema no volume *Homens contra Babel*,[106] que se reeditou melhorado e ampliado com o título de *Babel & Antibabel*[107] (e foi a seguir traduzido em alemão e em japonês).

Pode ainda interessar ao tradutor *Não perca o seu latim*, minha coletânea de palavras latinas frequentemente citadas.[108]

A solidariedade com os colegas do ofício, cujo trabalho gostaria de ver mais estimado e remunerado mais condignamente, levou-me a ser um dos fundadores de um órgão da classe, a Associação Brasileira de Tradutores,[109] na esperança de contribuir para transformar o ofício, de biscate que é, em profissão honrosa.

---

[104]*Ibidem.*
[105]Caberá recordar aqui meus trabalhos de lexicografia: *Dicionário francês-português* (com o vocabulário francês vivo), Rio de Janeiro, Editora Nova Fronteira, 1978, e *Dicionário português-francês* (com o vocabulário vivo do Brasil), pela mesma editora.
[106]*Homens contra Babel. Passado, presente e futuro das línguas artificiais*, Rio de Janeiro, Zahar, 1964.
[107]*Babel & Antibabel, ou o problema das línguas universais.* São Paulo, Perspectiva, 1970.
[108]2ª edição revista e ampliada. Rio de Janeiro, Editora Nova Fronteira, 1980.
[109]A Abrates funciona provisoriamente na sede da Sociedade Brasileira de Autores Teatrais, Av. Almirante Barroso, 97, 3° andar, Rio de Janeiro.

Só me resta, à guisa de conclusão, afirmar que o exercício da tradução me deu algumas de minhas alegrias mais puras e grande enriquecimento íntimo. Devo-lhe muitos amigos e parte considerável do que sei do mundo. Foi ele que em parte me permitiu superar o transe doloroso do desarraigamento e me ajudou a integrar-me na minha nova pátria.

8. A OPERAÇÃO BALZAC

Uma experiência de editoração: *A comédia humana*, de Balzac. Concepção e extensão dessa obra. A interdependência das partes e a volta das personagens. Um afresco da França do século XIX e uma suma da civilização ocidental. Como nasceu a ideia de traduzi-la em português. Minha parte no empreendimento. Problemas de editoração: escolha do original, unificação das traduções, restabelecimento da divisão em capítulos. Para que estudos introdutórios e notas de pé de página? Harmonização dos ensaios críticos com o texto. Dificuldades específicas da tradução: provérbios e anexins deformados, trocadilhos, anagramas, linguagens especiais. Lapsos e falhas. Fortuna da edição.

NEM SEMPRE o serviço do tradutor fica limitado à simples versão de um texto estrangeiro. Podem pedir-lhe uma adaptação do livro às condições brasileiras; uma introdução; notas de pé de página. Às vezes cabe-lhe trabalhar em equipe, outras vezes rever ou atualizar uma tradução feita por outrem ou proceder à editoração de uma obra.

A existência dessas e de outras tarefas anexas leva-me a dar breve informação sobre o que foi a tradução em equipe de *La comédie humaine*, de Balzac, empreendida pela Editora Globo, de Porto Alegre, para homenagear o romancista francês no centenário de sua morte, ocorrida em 1850. Hei de esclarecer, desde já, que não fui eu quem traduziu — como às vezes se ouve dizer — essa obra imensa, que, na versão brasileira, ocupa 17 alentados volumes in-oitavo, num total de 12 mil páginas, conjunto esse que no formato e com os tipos usados normalmente em obras de ficção comuns haveria de perfazer cinquenta volumes no mínimo. A versão brasileira foi obra de uma equipe composta de mais de vinte tradutores. Mas coube-me organizar a edição, isto é, estabelecer o plano geral, escolher parte dos tradutores, cotejar e anotar toda a tradução, redigir prefácios para cada uma das 89 obras que a compõem e escrever uma extensa biografia de Balzac, selecionar a documentação iconográfica, reunir uma espécie de antologia da literatura crítica sobre Balzac, compilar índices e concordâncias para o volume final. Dada a multiplicidade dessa tarefa posso dizer que acompanhei todas as fases da obra e fiquei inteirado dos milhares de problemas que surgiram em seu decurso. Lamento não haver anotado essas ocorrências de maneira sistemática. Mas como em toda a minha vida, nos quinze anos que durou o preparo da edição, estava sobrecarregado de trabalhos de toda a espécie; por outro lado, eu mesmo não me achava muito seguro de poder levar o empreendimento a bom termo; afinal, não previa o interesse que trinta anos após a publicação do primeiro volume, haveria de surgir no tocante às questões de tradução. Ainda assim, vou procurar, valendo-me de reminiscências, dar uma amostragem dos obstáculos que surgiram na interpretação e na editoração.

Imagino que nem todos os que me leem sejam especialistas de literatura francesa e ainda menos de Balzac; a estes quero, pois, explicar sucintamente a importância de sua obra, que só faz crescer com os anos.

Honoré de Balzac era desses artistas que amadurecem devagar. Com trinta anos era ainda o que chamamos um subliterato, com duas dúzias de trabalhos pseudônimos inconfessáveis, um péssimo drama histórico, uma série de romances de terror (dos que na época desempenhavam o papel dos atuais romances policiais) e um bocado de ensaios, fascículos e panfletos feitos por encomenda, tudo isso prudentemente escondido sob pseudônimos. Tinha também no seu passivo — e aqui a expressão é particularmente indicada — a falência de uma editora e de uma tipografia cujas dívidas o onerariam até o fim da vida e além.

De repente, aos trinta anos, ocorreu-lhe aplicar o processo do escocês Walter Scott, cujos romances históricos entusiasmavam toda a Europa, à história da França. Aprendera com aquele escritor-antiquário a dar tanto valor ao estudo quanto à fantasia, reconstituir os ambientes por meio de farta documentação, multiplicar os pormenores materiais, misturar personagens reais às imaginárias. Para escrever *Les chouans*,[110] onde conta o levante monarquista de 1799 na Vendeia, foi visitar os lugares, inquiriu testemunhas,

---

[110]Traduzido em português com o título *A Bretanha em 1799*.

mandou que lhe contassem episódios da revolta; numa palavra, fez pesquisa de campo.

Eram acontecimentos tão próximos (a ação do romance decorre no ano do nascimento de Balzac) que mais pareciam atualidade que história. Os aplausos da crítica, que ele saboreou pela primeira vez, levaram o nosso autor a aplicar esses mesmos métodos do romance histórico scottiano à realidade contemporânea. Assim como o seu mestre escocês percorrera bibliotecas, arquivos e lojas de antiquários para reconstituir a Idade Média, Balzac se entregou a uma estranha coleta de documentos do presente. Foi anotando em cadernos e gravando na memória um mistifório de dados: casos da crônica policial, textos de anúncios comerciais, epitáfios anotados nos cemitérios, cotações da bolsa, tabuletas de lojas, processos famosos, orçamentos de construção e decoração, contas de alfaiate, preços de passagens nas diligências, cardápios de pensões. Escolheu personagens entre as figuras pitorescas, ridículas, assustadoras ou comiserativas que encontrava em suas caçadas pelas ruas de Paris. Os leitores descobriam com surpresa que o seu ambiente cotidiano não era menos fantástico do que o universo de *As mil e uma noites*.[111] Não era, pois, preciso ir buscar a matéria do romance no passado, em terras exóticas ou no mundo da alucinação.

Balzac utilizou-se de todos os meios para estabelecer a completa verossimilhança do que narrava. Reproduzindo cenários familiares com mil pormenores conhecidos de

---

[111]O próprio Balzac qualifica a *A comédia humana* de "As mil e uma noites do Ocidente".

todos, neles movimenta as criaturas da sua imaginação ao lado de personagens contemporâneas verdadeiras, daquelas cujo nome sai diariamente nos jornais. Mas as personagens imaginárias tampouco eram meras abstrações ou personificações de paixões e ideias; pareciam figuras de três dimensões com sua fisionomia completa, seu temperamento, suas doenças, sua profissão; comiam, dormiam, transpiravam, ganhavam dinheiro, amavam.

Criada a cena e postas no lugar as personagens, desencadeia-se a ação visível, enquanto a outra, a que se desenrola na alma das personagens, é sugerida, contada, comentada, explicada, analisada. É a imensa exemplificação de um vasto tratado de Fisiologia e Psicologia, mas também uma contínua meditação sobre o destino humano.

Tudo isso era tornado visível e sensível por meio de um estilo nervoso, denso, suculento, truculento, às vezes bárbaro, que carreava tudo o que na língua depositaram a história e a literatura, as artes e as profissões, as modas e os dialetos. Irritante às vezes pela prolixidade de suas divagações, parênteses e descrições, e pelos comentários que interrompem a narrativa, esse estilo é no entanto irresistível e acaba envolvendo o leitor mais impaciente, mesmo o de hoje.

Com parte de sua obra concluída, vislumbrou Balzac, então já vitorioso e festejado dentro e fora da França, um meio novo e poderoso para intensificar a impressão de realidade do seu universo fictício. Na vida real não havia existências isoladas, delimitadas, encerradas; cada homem estava ligado a dezenas ou centenas de outros pelos laços mais diversos; aos olhos de cada conhecido ele é outra pessoa, com outra serventia. Mas no romance convencional, os destinos ficavam artificialmente isolados e limitados. Como remediar essa imperfeição?

Teve então o escritor a ideia de ligar todos os seus romances e contos entre si, fazendo desfilar neles as mesmas personagens. São muitos, aproximadamente três mil, os representantes típicos de uma geração, e entre eles se distingue uma centena de protagonistas. Estes reaparecem continuamente: o herói de um romance passa a ser comparsa em outro; o jovem cuja paixão nos arrebatou numa obra aparece noutra como ancião, numa terceira como pai de família, numa quarta como criança; o juiz austero e temível que conhecemos numa das *Cenas parisienses*, noutra é vítima de um amor infeliz. De tal forma o romancista ficou arrebatado por essa concepção que, a partir do momento em que a adotou, introduziu-a em todas as obras anteriores, aproveitando as reedições para rebatizar personagens, retificando parentescos, modificando situações até imprimir ao seu mundo coerência quase perfeita.

Assegurada a plenitude e a unidade do seu universo, faltava-lhe apenas um nome. Balzac encontrou o de *A comédia humana*, altaneiro e ousado, pois provocava o confronto com a imortal *Comédia* de Dante, ao qual, aliás, o epíteto *Divina* fora conferido pela posteridade e não pelo próprio autor.

Falei em coerência quase perfeita. É que Balzac morreu com apenas 51 anos, deixando incompletas algumas partes de seu imenso edifício. É curioso que em seu espólio não se tenha descoberto nenhum catálogo com dados fisionômicos, psicológicos, administrativos e profissionais das três mil personagens. Ele as trazia tão bem-gravadas no cérebro que praticamente não cometeu erros quanto à sua filiação, retrato, características e história. Segundo anedotas que se contam a seu respeito ter-lhe-ia acontecido confundir personagens fictícias com verdadeiras e no leito de morte haveria pedido que chamassem o médico Bianchon, criação de seu cérebro.

Vê-se em *A comédia humana*, e não sem razão, o maior afresco do século XIX: não só da primeira metade, que seu autor viveu, mas também da segunda, que pressentiu. E, sobretudo, um quadro completo, total, da França de todos os tempos, com o vasto acervo de tradições, costumes e episódios que lhe plasmaram a civilização e a língua.

Para que toda essa digressão? Para sugerir uma ideia da complexa riqueza em *A comédia humana* e dar a entender de que maneira inseparável ela se acha ligada ao seu século e à sua terra de origem. Praticando um estilo barroco e alusivo, em que as comparações e as metáforas serviam mais para alargar o quadro que para iluminar-lhe os segmentos, por pouco Balzac não fechou o acesso de seu mundo à posteridade.

Mas tão forte é a sua pintura das paixões humanas, tão palpitante o seu raciocínio inquiridor ante os problemas sociais, tão imponente e revolucionária a estrutura da sua ficção que ela venceu o tempo e continua a atrair milhões de leitores, em sua maioria estrangeiros, que enfrentam o difícil acesso a esse monumento imperecível.

Esses leitores, sedentos de emoções artísticas, bem que merecem uma ajuda na sua longa caminhada. Nunca pensara eu nisso, mas compreendi-o depois que a Globo me convidou a escrever um prefácio para a edição brasileira de *A comédia humana*.

Diga-se de passagem que era essa a fase literariamente mais importante da história da grande editora gaúcha. Ela se tornara conhecida pela divulgação, no Brasil, de uma série de autores estrangeiros modernos, Somerset Maugham, Pearl Buck, Aldous Huxley, Romain Rolland, Roger Martin du Gard, Thomas Mann etc. Quando sobreveio a guerra em 1939, estava com um grupo estável de bons tradutores. Porém as hostilidades separaram o Brasil definitivamente da Europa. Já não chegavam as novidades literárias. Para ocupar aquele grupo de tradutores, a diretoria da Globo lembrou-se de lhes pedir a versão de obras caídas no domínio público: Dickens, Maupassant, Stendhal, Fielding, Poe, Tolstói e outros. E, naturalmente, Balzac, em cuja *A comédia humana* oferecia uma fonte inesgotável.

Alguns tradutores, escolhidos pela editora no Rio Grande do Sul mesmo, já tinham vertido certo número de romances e contos, quando eu, recém-chegado ao Brasil, conheci o gerente da Globo no Rio de Janeiro, Maurício Rosenblatt, que veio residir no mesmo hotel onde eu morava. Ambos novos no Rio, encontramos logo o terreno comum que nos interessava e que era a literatura. Ao ser informado de que eu era especialista em língua e literatura francesa e defendera tese sobre Balzac,[112] Maurício

---

[112] *Jegyzetek Balzac fiatalkori müveihez.* ("Anotações à margem das obras de mocidade de Balzac"). Budapeste. Livraria M. Rónai, 1930.

contou-me que a sua editora preparava uma edição de *A comédia humana* e perguntou se não queria prefaciá-la. Logo depois pediram-me que escolhesse mais tradutores no Rio, em parte para ativar a marcha do trabalho, em parte para interessar nele maior número de nomes nacionais. Dando uma olhada nalguns contos já traduzidos, verifiquei que um prefácio geral não seria suficiente para facilitar o acesso às obras isoladas e propus pequenos prefácios para cada uma delas; por outro lado, pareceu-me que a distância que em espaço e tempo separava a França de *A comédia humana* do Brasil de então era tamanha que exigia numerosas notas de pé de página. E já que me propunha a redigir essas notas, poderia, ao mesmo tempo, fazer um cotejo entre o texto original e as traduções.

O diretor da editora, Henrique Bertaso, acedeu de bom grado a todas essas sugestões: foi assim que a encomenda inicial, relativa à redação de um prefácio de dez páginas, acabou transformando-se no contrato de um trabalho que ia ocupar-me durante quinze anos.

A necessidade de um cotejo completo apareceu após a leitura das primeiras traduções. É que os tradutores contratados pela editora antes que esta entrasse em contato comigo não tinham recebido instruções. Daí divergências em detalhes técnicos que não teriam importância se os contos e os romances de *A comédia humana* não constituíssem uma obra única, com as mesmas personagens a reaparecer por toda parte. Era embaraçoso ver o mesmo herói com um nome ora francês, ora português; às vezes poderia até dar confusão. Seria uma solução deixar todos os nomes em francês. Mas a semelhança das duas línguas convidava a usar a forma nacional em vez da francesa: Júlia em vez de *Julie*, Eugênia em vez de *Eugénie*, Luís em vez de *Louis*, como se fazia em muitos outros romances traduzidos do francês, do inglês ou do espanhol. Foi essa a solução que adotamos. Porém, como ficou dito acima, na ficção balzaquiana personagens inventadas acotovelam pessoas reais. Um tradutor espanhol traduziria naturalmente Pierre Corneille por Pedro Corneille, um italiano por Pietro Corneille; mas a praxe brasileira era manter o nome em francês. Adotamos, pois, um critério algo estranho: traduziam-se os nomes das personagens de ficção, e reproduziam-se na forma do original os das pessoas reais. Mesmo esta norma admitia exceções: os nomes de pessoas famosas já aportuguesados, como Napoleão, Luís XIV, Maria Antonieta etc.

Já estava publicado o primeiro volume quando me compenetrei da necessidade de uma unificação. Achei conveniente estendê-la a pormenores de grafia que recorriam com frequência: o uso abreviado das palavras senhor, senhora, senhorita antes de nomes próprios, o uso da maiúscula no início de títulos como Marquês, Conde, Príncipe, seguidos de nomes próprios etc.

Deveria ter sido escolhido e imposto no começo do trabalho o texto de uma das muitas edições de *A comédia humana*. Como isso não ocorrera aos editores, resolvi adotar por minha conta a edição reputada melhor, a da Pléiade, organizada por Marcel Bourteron, a ela conformar, nos trechos onde havia alteração, as traduções já entregues e pedir aos tradutores das obras ainda não começadas que utilizassem esse original.

No caso específico de Balzac a opção por uma ou outra edição tinha muita importância. É que, quando o escritor morreu, deixou inacabados três de seus romances mais significativos, *Les paysans, Les employés* e *Le député d'Arcis*.[113] A viúva de Balzac, algum tempo depois da morte, confiou a um escritor de terceira ordem, Charles Rabou, a difícil tarefa de terminar os dois últimos. Rabou executou a encomenda, e essas duas obras saíram em sua primeira edição como livros completos, sem que houvesse qualquer indicação daquela colaboração espúria. Assim, *Le député d'Arcis*, não só nessa primeira edição mas em diversas reedições, saiu com uma segunda parte não escrita por Balzac, oito vezes mais extensa que a primeira parte! Na edição da Pléiade, obviamente, esses acréscimos indesejáveis já não figuravam.

Mas num ponto essa edição, excelente em tudo mais, não me satisfazia. É que nela o texto de Balzac, já difícil por si em muitos trechos, saía excessivamente compacto, sem um espaço branco, uma interrupção, um parágrafo numa dezena de páginas. Se tal fosse a intenção do autor, teríamos de aceitar essa característica, assim como os tradutores de Proust e de Joyce respeitam aquela disposição maciça de linhas impressas sem um respiradouro ao longo de tantas páginas. Mas, devido à familiaridade com a história bibliográfica da obra, sabia que todos aqueles romances tinham saído inicialmente em rodapés de jornais, divididos

---

[113]Em português: *Os camponeses, Os funcionários* e *O deputado de Arcis*.

em capítulos breves, com títulos muitas vezes espirituosos, engraçados, pitorescos, mantidos nas primeiras edições em volumes. Foram os editores sucessivos que, contra a vontade de Balzac, suprimiram a divisão em capítulos por motivos de economia. Em benefício do leitor brasileiro, reintroduzi a divisão em capítulos, assim como os títulos primitivos.

A própria edição da Pléiade deixava subsistir algumas dúvidas. No primeiro parágrafo da Meditação XXV da *La physiologie du mariage*,[114] sob o título *Das religiões e da confissão consideradas em suas relações com o casamento*, por exemplo, encontramos no original, a partir da oitava linha, em vez de um texto inteligível, um enorme pastel tipográfico, isto é, um conjunto de letras e sinais misturados ao acaso. Parecia-me, e ao tradutor também, tratar-se de uma dessas mistificações, em que Balzac, digno discípulo de Lawrence Sterne, era useiro e vezeiro, e por isso colocou-se na tradução outro pastel tipográfico, de tamanho igual, no lugar daquele.[115] Alarmei-me, porém, quando um amigo meu, o saudoso Charles Astor, personagem proteica, criptógrafo nas horas vagas, me alertou dizendo que aquele trecho representava uma mensagem cifrada e que ele próprio já a tinha decifrado. Prometeu-me a solução do enigma, mas infelizmente morreu sem havê-la deixado para mim.

Cabe-me dizer algo a respeito das notas introdutórias que escrevi para cada uma das 89 unidades da *Comédia*. Sem

---

[114]Em português: *Fisiologia do casamento.*
[115]*A comédia humana,* vol. XVII, p. 458-459.

qualquer veleidade de eruditismo tentei dar nelas algumas informações indispensáveis a respeito da gênese e da fortuna da obra visada, dos modelos vivos das personagens, da base real (quando havia) do enredo, das reações da crítica etc. Assim os leitores ficaram informados de que *La femme de trente ans*,[116] talvez o mais famoso e apesar disso o pior dos romances de Balzac, devia os seus defeitos ao fato de ter sido alinhavado de seis contos, que não se soldaram perfeitamente; que *La femme supérieure* fora o primeiro título de *Les employés*[117] e que os contemporâneos viam em Canalis, protagonista de *Modeste mignon*, um retrato só levemente disfarçado de Lamartine; que *Le lys dans la vallée*[118] nasceu de um desafio, o de refazer, melhorando-o, o romance *Volupté* de Sainte-Beuve. Evitei antecipar nessas notas a ação e o desfecho das obras para não minorar o efeito de surpresa e o prazer estético.

Cada volume da edição começava com um ensaio importante sobre Balzac, escolhido no que havia de mais significativo na crítica internacional.[119] Aí surgiu um caso específico de editoração. Mais de uma vez os autores de tais ensaios tinham citado trechos de Balzac sem localizá-los exatamente na obra. Não era obrigação deles, mas criava um problema para mim, pois era preciso traduzir essas citações e, se não as localizasse, a tradução não seria idêntica à que já

---

[116]Em português: *A mulher de trinta anos.*

[117]Em português: *Os funcionários.*

[118]Em português: *O lírio do vale.*

[119]Citarei entre os autores destes ensaios Taine, Victor Hugo, Anatole France, Sainte-Beuve, Zola, Georg Brandes, Marcel Proust, Benedetto Croce, Henry James e meus mestres Fernand Baldensperger e Marcel Bourteron.

figurava na própria edição. Devo confessar que nem sempre consegui eliminar essa falha.

Uma palavra agora a respeito das notas de pé de página. *A comédia humana* está tão cheia de alusões a instituições, acontecimentos, fatos, romances, peças e poesias da época, além de referências incessantes às artes das épocas anteriores, especialmente da Antiguidade clássica e da mitologia greco-romana, que a sua elucidação se tornava indispensável. Não convinha arriscar que a falta dessas explicações indispusesse o leitor com a obra; era bem pouco provável que ele mesmo se entregasse a pesquisas para esclarecer tantos trechos.

Dou a seguir alguns exemplos dessas anotações.

Em *O pai Goriot*, na preleção que o ex-forçado Vautrin faz a Rastignac para transformá-lo em seu cúmplice, demonstra-lhe que na intensa vida social que ele está levando precisará de um milhão de francos. "Sem isso, com a pequena cabeça que você tem poderia ir passear nas redes de Saint-Cloud para ver se existe um Ser Supremo."

Nota: "*Passear nas redes de Saint-Cloud*: jogar-se no Sena e ser apanhado, morto, na altura de Saint-Cloud, pelos pecadores."

Na mesma lição de amoralismo, o tentador mostra a Rastignac que, se trilhar o caminho da virtude, será advogado, no máximo presidente de tribunal, e enviará às galés pobres-diabos melhores do que ele, "com um T. F. nas costas, a fim de provar aos ricos que eles podem dormir tranquilamente".

Nota: "*T. F.*: iniciais de *Travaux Forcés* ('trabalhos for-çados'), as quais se gravam com ferro quente nas costas dos condenados às galés."

Em *O contrato de casamento*, Balzac relata como a sra. Evan-gelista retribui a perfídia duma pretensa amiga que lhe conta todos os falatórios que circulam sobre ela na cidade de Bordéus. "Ela vingou-se mais ou menos como Célimène em Arsinoé."
A nota resume a cena do *Misanthrope* de Molière, em que aquela, em resposta a semelhante relatório, conta à "amiga" tudo o que dizem dela de desagradável.

Outro tipo de notas respeita às personagens e seus ante-cedentes. Nenhum leitor comum, ainda menos os de hoje, impacientes e solicitados por mil interesses, seria capaz de trazer na cabeça a biografia e os aparecimentos anteriores desta ou daquela personagem. Daí os vários cadastros e re-pertórios já publicados na França que constituem o *Who's who?* do mundo balzaquiano.[120] Como a tradução e adaptação dessas obras seria muito trabalhosa além de pouco prática, pois raros leitores teriam a paciência de compulsá-las a cada passo, resolvi eu mesmo registrar os antecedentes dos protagonistas quando reapareciam pela primeira vez num novo romance. Por outro lado, distinguiria as personagens reais das fictícias.

Em *O pai Goriot*, o já citado Eugênio Rastignac, jovem fidalgo de grandes ambições, mas de poucas posses, pede à

---

[120]O último em data desses repertórios é o *Dictionnaire biographique des personnages fictifs de la Comédie Humaine*, de Fernand Lotte, Paris, Librairie José Corti, 1952.

rica prima sra. de Beauséant que ela o introduza "na casa da Duquesa de Carigliano, que se dá muito com a sra. Duquesa de Berry", a fim de obter um convite ao baile desta última onde espera conquistar uma moça rica.

Notas: "*Duquesa de Carigliano*: foi quem na novela *Au chat qui pelote* deu conselhos a Augustina de Sommervieux sobre a maneira de uma mulher conseguir a fidelidade do marido."

> *Duquesa de Berry*: personagem real (1798-1870), nora de Carlos X, mulher romanesca e resoluta que durante o reinado de Luís Filipe procurou sublevar a Vendeia, organizando uma revolução legitimista. Sua tentativa malogrou-se e ela foi presa.

Na conversa já lembrada entre Vautrin e Eugênio, o galeriano fala em Taillefer, um velho patife que dizem ter assassinado um amigo durante a Revolução.

Nota: "Este assassínio é contado na novela *A estalagem vermelha*."

Um terceiro grupo de notas focaliza questões de tradução propriamente dita.

Na preleção já lembrada, Vautrin diz a Rastignac que, se não enriquecer rapidamente, a irmã dele penteará Santa Catarina.

Nota: "*pentear Santa Catarina*: expressão francesa que significa ter passado a idade de 25 anos sem haver casado".

(Anos após Otto Lara Resende me fez notar que ouvira a expressão na boca do povo, em Minas, com o mesmo sentido.)

Em *Ursula Mirouët*, uma moça bastante vulgar diz de outra: "Importo-me tanto com ela como com o ano quarenta." Nota: "Isto é, não me importo com ela absolutamente. A locução popular francesa alude à crença segundo a qual o ano de 1840 devia marcar o fim do mundo."

Balzac, amigo de anexins, trocadilhos e jogos de palavras, deleitava-se com todas as curiosidades de linguagem: etimologias, anagramas, parônimos e homônimos. Não é esse, decerto, o aspecto mais atraente da *Comédia*, e diversos críticos tacharam de mau gosto essas brincadeiras inocentes. Nem por isso podiam elas ser eliminadas da obra. A sua tradução às vezes se mostrava impraticável; então procurei na nota fazer sentir, pelo menos, a intenção do chiste.

Desse ponto de vista merece atenção especial um romance delicioso, embora pouco conhecido, *Un début dans la vie*,[121] em que se contam as mistificações a que dois jovens pintores submetem os seus companheiros de viagem durante o percurso de uma diligência de Paris a Presles. Entre outras brincadeiras eles se divertem e divertem os outros com umas piadas muito em moda naquele tempo nos ateliês e que consistiam em estropiar provérbios. "Constituía um triunfo achar uma mudança de algumas letras ou uma

---

[121]Em português: *Uma estreia na vida*.

palavra, pouco mais ou menos parecida, que desse ao provérbio um sentido extravagante ou jocoso." Às vezes, essas transformações são mera piada; outras vezes, porém, têm alguma graça especial em conexão com a história. Numa longa cena, como um fogo de artifício, os trocadilhos sucedem-se para desespero dos tradutores.

Citarei alguns para melhor fazer compreender a dificuldade.

Les bons comptes font les bons amis, diz a sabedoria popular. Esse provérbio torna-se, na boca de Mistigris, *Les bons contes font les bons tamis*. Para compreender-lhe a graça cumpre saber que um dos viajantes é um conde que, viajando entre burgueses naquela diligência, está bem abaixo de sua condição, parecendo antes um simples artesão.

Outros: *Abondance de chiens ne nuit pas* (em vez de *Abondance de biens ne nuit pas*); *Dis-moi qui tu hantes, je te dirai qui tu hais* (em vez de *Dis-moi qui tu hantes, je te dirai qui tu es*) e *Les cordonniers sont toujours les plus mal chauffés* (em vez de *Les cordonniers sont toujours les plus mal chaussés*).

K. d'Avellar, autor de uma tradução publicada em 1909 no Rio, suou sangue para sair-se bem dessa dificuldade, sem consegui-lo. Ora adota outro provérbio equivalente, mas deforma-o de modo que o chiste, a alusão e a graça se perdem de todo; ora mantém o provérbio tal qual, sem deformá-lo; ora simplesmente suprime o trecho recalcitrante; ou então se afasta demais do original, como quando traduz *Qui veut noyer son chien, l'accuse de la nage* por "Está visto: é a fábula do lobo e do cordeiro".

Nenhuma de tais soluções era satisfatória e ainda menos a combinação delas; achei melhor, pois, conservar no texto, de cada vez, a frase francesa, explicando em nota em que consistia o estropiamento.

Aliás não é só neste romance que Balzac se permite usar semelhantes piadas de ateliê. Em *Eugénie Grandet* assistimos à chegada de visitas à casa do rico vinhateiro no momento em que ele próprio está consertando a sua escada.

> Excusez, Messieurs, cria Grandet en reconnais-sant la voix de ses amis, je suis à vous. Je ne suis pas fier, je rafistole moi-même une marche de mone escalier.
>
> — Faites, faites, M. Grandet. Charbonnier est maire chez lui — dit sentencieusement le président en riant tout seul de son allusion que personne ne comprit.

Eis a tradução desta réplica por Gomes da Silveira, tal como está na edição da Globo:

> — À vontade, sr. Grandet. Muito pode o galo em seu poleiro — disse sentenciosamente o presidente, rindo sozinho da alusão que ninguém compreendeu.[122]

Relendo a tradução a trinta anos de distância, de repente descobri que o texto brasileiro não tinha sentido. Com efeito, não há nele nenhuma alusão que os participantes da cena devessem ou pudessem compreender.

---

[122]*A comédia humana*, vol. V, p. 231.

Houve aí um lapso do tradutor que na época não percebi. Entretanto ele traduzira com felicidade o conhecido provérbio *Charbonnier est maître chez lui* por "Muito pode o galo em seu poleiro". Apenas no texto original não está *maître* e sim *maire*. Ou ele não viu isso ou pensou tratar-se de um erro de tipografia, e eu, ao ler a tradução, posso ter caído no mesmo erro. Na verdade o que existe aqui é outra deformação de provérbio, cujo chiste se compreende, se lembrarmos que Grandet foi durante anos *maire*, isto é, prefeito de Saumur.

É este um dos milhares de exemplos de sutilezas com que os valentes tradutores da *Comédia* se defrontaram e um dos poucos em que falharam. Um dos motivos por que gostaria de que houvesse uma reedição completa da *Comédia* é o desejo que tenho de expurgá-la de semelhantes deslizes, de que darei outro exemplo mais adiante.

Um dos protagonistas do romance *Les employés*, Coleville, tem o *hobby* de forjar anagramas, moda inocente das repartições da época. Balzac, atraído por tudo quanto cheirava a mistério ou a mistificação, lembra alguns anagramas famosos ligados à história da França — por exemplo *Un corse la finira*, feito com as letras de *Révolution Française* —, às quais outrora se atribuía importância enorme, sendo os anagramatistas pagos a peso de ouro, como em nosso século os astrólogos de Hitler. Mais adiante, ouvimos Coleville fazer anagramas a respeito de seus colegas e que de certa maneira influem na ação, pois fazem prever o desfecho. É possível que o tradutor, à custa de imensos esforços, conseguisse traduzir esses anagramas — mas seria justo exigir-lhe semelhantes esforços? Nestes casos também preferi manter o texto francês, dando a explicação em nota.

Observador atento do fenômeno linguístico, Balzac recolhia com prazer manifesto as expressões saborosas e vulgares das diversas gírias, inclusive as dos malfeitores. Existe na quarta parte de *Splendeurs et misères des courtisanes* todo um "Ensaio filosófico, linguístico e literário sobre o *argot*, as cortesãs e os ladrões" fartamente ilustrado. Mas como traduzir essas expressões efêmeras de baixo calão, vivas um momento, mas que agora já não se entendem nem na própria França? Por equivalentes extraídos da linguagem pitoresca dos malfeitores cariocas ou porto-alegrenses dos nossos dias? Nalguns outros trechos, um que outro tradutor tentou fazer isso sem maior êxito, provocando aliás uma justa crítica do saudoso Augusto Meyer, que achava mais apropriado manter a palavra do original e explicá-la em notas. Mas em todo esse capítulo, que é antes um ensaio sociolinguístico do que um trecho de ficção, melhor me pareceu renunciar à exemplificação e manter apenas as conclusões teóricas.

Diga-se de passagem que a qualidade das traduções em geral era boa; algumas, excelentes, eram modelares. Citarei a esse respeito com especial destaque as versões de *Les paysans*, por Carlos Drummond de Andrade, as de *La vieille fille* e *Le cabinet des antiques*,[123] por Lia Corrêa Dutra, parte de *Les Illusions perdues*, por Mario Quintana. Mas quase todas eram acima do nível médio e devo-lhes muita coisa que

---

[123]Em português, respectivamente: *A solteirona* e *O gabinete das antiguidades*.

aprendi de português. Naturalmente não me ia fazer de co-pidesque de tanta gente mais qualificada do que eu, naquela época um recém-chegado ao Brasil. As minhas modificações limitavam-se a eventuais cochilos e alterações de sentido daí decorrentes, para cuja correção pedia e obtinha o beneplácito dos tradutores. Aqui e ali um gauchismo manifesto era substituído por um termo corrente em todo o Brasil.

O cotejo fazia-se da seguinte maneira: meu ex-aluno e amigo Raymundo Francisco de Araújo lia a tradução portuguesa para mim em voz alta e eu lhe acompanhava a leitura pelo texto francês. Naturalmente, ao longo daquelas 12 mil páginas, a minha atenção se cansava de vez em quando; ou então o meu ainda insuficiente conhecimento de português deixava de alertar-me ante esta ou aquela solução inadequada. E assim surgiam imperfeições que eu ia descobrir mais tarde, como a que citei há pouco.

Uma reclamação justa e pitoresca e que me deixou envergonhado foi a de uma leitora que se queixava de ter sido eliminada, por um cochilo meu, do programa *O céu é o limite*, em que se submetera a uma arguição sobre Balzac.

Em *Eugénie Grandet*, na descrição do salão da família Grandet, em Saumur, lê-se: "Uma velha pêndula de cobre, incrustada de arabescos de cobre, ornamentava a coberta da lareira",[124] tradução da frase: *Un vieux cartel de cuivre incrusté d'arabesques en écaille ornait le manteau de la cheminée.* Por um lapso do tradutor ou do impressor, lá onde deveria estar "tartaruga", entrou pela segunda vez a palavra "cobre". Terá

---

[124]*A comédia humana,* vol. V, p. 224.

o tradutor ou o compositor, por distração, repetido a palavra; aconteceu o erro antes ou depois da minha revisão? Era impossível elucidar o fato cinco anos depois de publicado o volume. Mas, para grande pesar meu, a moça mineira, Hercília Levy, que lera o Balzac brasileiro com tamanha atenção a ponto de lembrar até um pormenor tão insignificante, foi desclassificada e perdeu o prêmio considerável que lhe caberia depois de haver respondido satisfatoriamente a diversos interrogatórios anteriores.

A esse respeito ocorre-me outro caso ligado à edição brasileira *A comédia humana* e a outro concorrente de um programa semelhante, mas no Rio de Janeiro. Há tempos, jovem amigo meu, Paulo Borges, grande bibliófilo e que no decorrer dos anos juntara uma bela biblioteca balzaquiana, inscreveu-se nesse programa popular da TV, pedindo ser arguido sobre a vida e a obra de Balzac. Antes da primeira exibição procurou-me para treinar. Nessa ocasião preparei-lhe uma sabatina com umas quinhentas perguntas. O meu xará saiu-se bem de uma série de arguições e, quando se retirou, obteve um prêmio bastante razoável, além de um convite da embaixada francesa para ir a Paris. O que me surpreendeu durante o concurso foi a perícia com que se redigiram as perguntas a que ele tinha de responder. Via-se que eram feitas por alguém que conhecia a fundo *A comédia humana.* Qual não foi a minha surpresa quando soube que elas haviam sido preparadas por uma agência de publicidade onde trabalhava então meu amigo e ex-aluno Raymundo Francisco de Araújo, hoje um dos publicitários mais acatados do país. E assim, sem chegar à tela da TV, eu me encontrei de certa maneira dividido atrás do arguído e do arguidor. Foi esse, sem dúvida, um dos desdobramentos mais curiosos da glória de Balzac no Brasil.

Outros houve, como a famosa marchinha carnalesca da *Balzaquiana*, de Nássara e W. Batista, e a peça do dramaturgo recifense José Carlos Cavalcanti Borges, *A vida de Balzac*, com o enredo extraído da minha introdução ao primeiro volume. Assim Balzac ficou incorporado à cultura brasileira como poucos escritores brasileiros.

Não sei dizer se os substantivos comuns *balzaquiana* e *balzaca*, já registrados nos dicionários da língua, são anteriores ou não à minha edição; em todo caso, ela contribuiu para a sua popularidade, que constitui espanto para os balzaquistas franceses.

Como veem, a edição brasileira da *Comédia*, se me deu trabalho, não deixou de me trazer distrações. Apesar de o último volume ter saído há um quarto de século, não considerei encerrada com ele a minha tarefa. Continuo ainda relendo Balzac, tenho dado vários cursos e conferências sobre a *Comédia*, pela segunda vez defendi tese[125] sobre assunto balzaquiano, acompanho a bibliografia e tenho regularmente revisto e emendado os dezessete volumes da edição, cada vez que me tem ocorrido algum aperfeiçoamento, sobretudo no tocante à biografia inicial, aos 89 prefácios e às 12 mil notas. Assim o meu exemplar está com milhares de emendas e anotações. A minha única mágoa é que não

---

[125]*Um romance de Balzac: a pele de Onagro*, Rio de Janeiro, Ed. A Noite, 1950; a respeito da primeira tese, ver a nota 101.

as tenha podido aproveitar. *A comédia humana* brasileira, apesar de haver tido razoável êxito e diversas reimpressões, ainda não foi reeditada. A Editora Globo, que mudou de orientação, renunciou a fazê-lo, e a Artenova, que iniciou a reedição em 1976, parou ao cabo de dois volumes.

Índice de assuntos, nomes e títulos citados

la recherche du temps perdu, A 76, 137

ABRATES *ver* Associação Brasileira de Tradutores

aconchego de solteirão, Um ver *rabouilleuse, La*

Acorrentados ver *Chaines*

acusativo com infinitivo, 143, 149

adaptação, 117-19, 134

adjetivos pátrios, 64-65

Alcorão, 57

alemão, 48, 50, 52, 55, 56, 60, 64, 68, 86, 96, 156, 200, 202

alfabetos, 86-87

ALFIERI, Vittorio, 145

Alice in Wonderland, 168

ALMEIDA, Manuel Antônio de, 206

ALVES, Dário Castro, 5

ambiguidade, casos de, 21, 23, 150

AMICHAI, Yehuda, 27

Amor e psique, 205

Ana Karenina, 122

anagrama, 163, 232

Anais, Os, 95

ANCEL, Henri, 195

ANDRADE, Carlos Drummond de, 11, 121, 126, 155, 200, 233

ANDRADE, Mário de, 104, 201

ANDREIEV, Leonid, 87

anexins, 213, 229

anjo torto, O, 124

Anos de tormenta ver *Shannon's Way*

Anotações à margem das obras de mocidade de Balzac, 220

Anthologie de la poésie hongroise, de J. Hankis e L. Molnos, 193

Anthologie de la poésie polonaise, 187

Anthologie de la prose hongroise, 194

Antic Hay, 125

Antologia de poetas paulistas, 200

Antologia do conto húngaro, 138, 207

Antologia do conto mundial ver *Mar de histórias*

Antologia latina, 192

antropônimos, 61, 221-22

APOLLINAIRE, Guillaume, 84, 186

APULEIO, 151, 205

ARANY, János, 184, 185

ARAÚJO, Raymundo Francisco de, 234, 235

argot, 233

Arion, 176

ARROWSMITH, William, 118

Art of Translation, The, 133

arte de traduzir, A, 38

artigo, 92, 94-96

ARVERS, Félix, 155, 177-80

As You Like It, 159

asclepiadeu, verso, 186

asno de ouro, O, 151

aspas, 74-75

Associação Brasileira de Tradutores, 122, 211

assonância, 184

ASTOR, Charles, 224

AUDUBERT, Albert, 38

aventura na Jamaica, Uma ver *To Have and Have not*

axiônimos, 100, 222

AYMÉ, Marcel, 125

Babel & Antibabel, 102, 211

BALDENSPERGER, Fernand, 225

BALZAC, 109, 110, 120, 127, 213-37

balzaquiana, A, 236

BANDEIRA, Manuel, 62, 103

banto, 55

barbeiro de Sevilha, O , 36

BARBOSA, Onédia Célia de Carvalho, 113

BARING, Maurice, 26

BARTHES, Roland, 77

BATISTA, W., 236

BAUDELAIRE, Charles, 37, 76, 77, 80

BELLAMANN, H., 129

Belle de jour, 126

belles infidèles, 136

BELLESSORT, André, 148

BELLOW, Saul, 61

BÉRCZY, Károly, 171

BERTASO, Henrique, 221

best-sellers, 107, 109, 123, 130

Bible Translating, 57

Bíblia, 25, 80, 93; ver também Escrituras

Biblioteca dos Prêmios Nobel de Literatura, 210

Biessi, 128

bilinguismo, 168

BISHOP, Elizabeth, 63

BIZZARRI, Edoardo, 162, 163

BLAKE, William, 123

BOILEAU, 124

BORGES, José Carlos Cavalcanti, 236

BOURTERON, Marcel, 222, 225

BOUSCAREM, Ch., 38
BRAEM, Helmut, 26
BRAGA, Maria Isabel Morna, 128
BRANDES, Georg, 225
Brasil *ver* português do Brasil
BRASIL, Emanuel, 63
BRECHT, Berthold, 119-20
Bretanha em 1799, A ver *chouans, Les*
BRONTË, Emily, 126
BROWER, Reuben A., 104
BUCK, Pearl S., 220
Bucólicas, 191
Burning Bright, 123
BURNS, Robert, 123
BURNSHAW, Stanley, 166
burro (tradução escolar), 166
BURTON, Richard Francis, 119
BUSK, Douglas, 57
BYRON, 113, 169

cabinet des antiques, Le, 233
cabinet noir, Le, 84
CAILLOIS, Roger, 57
CAMÕES, 119
camponeses, Os ver *paysans, Les*
CAMPOS, Augusto de, 157
CAMPOS, Geir, 208
Canção do porta-estandarte Cristóvão Rilke, 206
caracterologias nacionais, 57
CARDOSO, Manuel, 64

CARO, Annibal, 145
CARO, Miguel Antonio, 145
CARROLL, Lewis, 168
Cartas a um jovem poeta, 206
Cartas do padre David Fáy..., As, 209
Casa-grande & senzala, 126
castelhano *ver* espanhol
CASTILHO, Antônio Feliciano de, 115
CASTILHO, José Feliciano de, 115
CASTRO, Rosalía de, 173
CATULO, 191
CAVALCANTI, Guido, 174
cemitério marinho", O", 92
cinema *ver* tradução cinematográfica
CENDRARS, Blaise, 186
centão, 185
Cercle vicieux ver *Mortal coils*
cérebro de Hauser, O ver *Hauser's Memory*
CERVANTES, 24, 26, 76, 205
CÉSAR, Júlio, 191
Chaines, 128
chemin des ecoliers, Le, 125
chinês, 49, 55, 72, 204
chouans, Les, 127, 215
CÍCERO, 191
circunlóquios, 198
citações, 75-79
cochilo, 234

cognatos aparentes, 45-48

Colas Breugnon, 168

Colomba, 77-78

comédia humana, A, 15, 110, 120, 127, 209, 213-37

Como aprendi o português, e outras aventuras, 49, 119

comparação de traduções, 149

concordância de títulos, 127

condensação, 117

conectivos, 102

Congo, línguas do, 58

conjunções, 92, 102-3

conotação, 58

contexto, 21-22, 42

Contos alemães, 203

Contos franceses, 203

Contos húngaros, 209

Contos ingleses, 203

Contos italianos, 203

Contos norte-americanos, 203

Contos russos, 203

contrato de casamento, O, 227

contrato-tipo, 1122

Conversações de Eckermann com Goethe, 89

copidesque, 121, 210

cópula, 74

Coração da matéria ver *Heart of the Matter, The*

CORNEILLE, Pierre, 222

CORRÊA, Roberto Alvim, 207

CORRIGAN, Robert W., 118

COSTA, Dante, 209

COSTA, Hélio Veiga da, 159

cotejo de traduções, 116, 234

COUTO, Ribeiro, 201

Craft and Context of Translation, The, 118

CROCE, Benedetto, 225

crônica dos Forsytes, A ver *Forsyte Saga, The*

CRONIN, A.J., 126, 129

Culex, 88

CUNHA, Tristão da, 138

Curse of Tongues and Some Remedies, The, 57

D'ALEMBERT, 29

D'AVELLAR, K. 230

DAMASCENO, Darcy, 93

DANINOS, Pierre, 50

DANTE, 76, 183, 218

DARÍO, Rubén, 172

Darkness at Noon, 125

David Copperfield, 85, 91, 99, 122

DAVOUST, A., 38

début dans la vie, Un, 229

Decameron, O, 122

declinações, 88

definições da tradução, 23-30

DELILLE, 144

demônios, Os ver *Biessi*

DENHAM, sir John, 27-28

242

denotação, 59

député d'Arcis, Le, 223

Deus, nome de, 82

Diário de um louco, 205

Dicionário francês-português, 211

Dicionário português-francês, 211

dicionários, 33-34, 41-42, 197

DICKENS, 61, 85, 91, 109, 110, 220

DIDEROT, 37

DIEGO, Eliseo, 172

dinamarquês, 81, 119

dístico elegíaco, 186

divina comédia, A, 218

divisão em capítulos, 223-24

documentação, 197

doente imaginário, O, 17, 152

dois pontos, 84

Dom Casmurro, 130

Don Quijote, 24, 117, 134

DONNE, John, 124

DOSTOIÉVSKI, 109, 110, 128

DRACÔNCIO, 191

DREISER, Theodore, 126

DREYFUS, Caso, 36

DRUON, Maurice, 126

DRYDEN, 25, 144

DUHAMEL, Georges, 124

DUTRA, Lia Corrêa, 233

...e a França teria vencido ver *Vers l'armée de métier*

E agora, José?, 124

ECKERMANN, 89

editoração, 225

efeito equivalente, princípio do, 139

Em busca do tempo perdido ver *A la recherche du temps perdu*

Em cada coração um pecado ver *King's Row*

employés, Les, 223, 225, 232

Eneida, 17, 24, 25, 95, 122, 141-43, 149, 191

enjambement, 146, 161

ensino da tradução, 22-23

entoação, 72

...E o vento levou, 109

EPICTETO, 50

erros do original, 118-19

erros tipográficos, 53

escandinavas, línguas, 204

Escola de tradutores, 38, 197, 210

Escrituras, 16, 49

ESOPO, 51

espanhol, 47, 52, 56, 61

esquimó, 54-55, 57

Esta terra é nossa, 131

estrangeiras, palavras, 103-4

estreia na vida, Uma ver *début dans la vie, Un*

estrofe alcaica, 191

estrofe asclepiádeia, 191

estrofe sáfica, 191

estudo das línguas, 39

etimologia, 24, 42-3

Eugénie Grandet, 231, 234

exorcista, O, 123

expletivos, 92

EY, Luísa, 200

Eye, The, 128

Eyeless in Ghaza, 123, 125

falsos amigos, 41-49

FARGUE, Léon-Paul, 84

Farkasember, 130

FAULKNER, 124

Fausto, 17, 89, 100, 115, 183

FÁY, padre David, 209

FAZEKAS, Estêvão, 209

Fedra, 99

Felizmente para sempre ver *Mortal Coils*

femme de trente ans, La, 225

femme supérieure, La, 225

femmes savantes, Les, 123

FERREIRA, Athos Damasceno, 126

FERREIRA, Aurélio Buarque de Holanda, 11-18, 85, 202-8

FERREIRA, Ondina, 78

FEUERBACH, Ludwig, 50

fidedignidade do original, 111

fidelidade, 22, 150-52

FIELDING, 109, 220

FIGUEIREDO, Fidelino, 55

FIGUEIREDO, Guilherme, 154

figurada, linguagem, 68-69

filipino, 93

finlandês, 204

fisiologia do casamento, A ver *physiologie du mariage, La*

FITTS, Dudley, 170

FITZGERALD, Edward, 157

flamengo, 204

FLAUBERT, Gustave, 36, 45, 109, 205

FOGAZZARO, Antonio, 80

Foguinho ver *Poil de carotte*

fonte de Israel, A ver *Source, The*

For whom the Bell Tolls, 124

Forsyte Saga, The, 126

FOTITCH, Tatiana, 27

FRANCE, Anatole, 225

francês, 42-46, 49-53, 56-59, 61, 65-68, 73, 75-76, 81, 92-93, 96-105, 112-13, 153, 156, 193-94

FRANÇOIS-PRIMO, Jean, 195

frases "fáticas", 139

FREYRE, Gilberto, 84

FROST, Robert, 141, 157

frutos da terra, Os ver *nourritures terrestres, Les*

funcionários, Os ver *employés, Les*

gabinete das antiguidades, O ver *cabinet des antiques, Le*

244

GACHOT, François, 195
GARA, Ladislas, 181-87
GARCIA, Frederick C. H., 119
GARD, Roger Martin du, 36, 220
gauchismos, 234
GAULLE, De, 17, 129
GÉLIO, Aulo, 50
Genji ver romance do Genji, O
gesticulação, 72
gestos, linguagem dos, 72
ghost-translators, 197
GIDE, André, 25, 113, 126
GIOVENALE ver Juvenal
gíria, 233
Godfather, The, 123
GOETHE, 17, 26, 37, 55, 76, 89, 173
GOGOL, 205
GOMES, Aila de Oliveira, 82
gota de veneno, Uma ver Thérèse Desqueyroux
Grande sertão: veredas, 56, 84, 130
Grapes of Wrath, The, 123
GRAVES, Robert, 151-52
Green Years, The, 126
GREENE, Graham, 125
grego, 37, 49, 204
grenadière, La, 127
GRESS, Elsa, 119
grifo, 85-86
GRIPE, Maria, 86
GROULT, Flora, 124

Grundsätzliches zur Problematik des Dolmetschens und des Übersetzens, 140
Guia prático da tradução francesa, 38
Guia prático da tradução inglesa, 38
Gulliver's Travels, 111, 117; ver viagens de Gulliver, As

HALL, Edward T., 73
Hamlet, 113, 125, 138-39
HANKIS, J., 193-94
Heart of the Matter, The, 125
HEINE, 27, 156
HEMINGWAY, Ernest, 121, 124, 125
HESSE, Hermann, 53
hexâmetro, 141, 146, 186, 191
hiato, 184
hindu, 204
hipocorísticos, 61
histórias, As 95
HITLER, Adolf, 232
holandês, 165, 202, 204
HOLLANDER, John, 104
holófrases, 54-56
Homens contra Babel, 211
HOMERO, 139, 183
Hommage à Gyula Illyés, 186
Hommage à Lajos Kassák, 186
homônimos, 47-48, 51-53
HORÁCIO, 174, 175, 183, 189, 193
HOWARD, Richard, 128

Hugo, Victor, 68, 183, 225

HUMBOLDT, Alexander von, 57

húngara, de L. Gara, 181-7

húngaro, 52, 56, 65, 66, 83, 94, 105, 156, 181-87, 193-96, 202

Hungria, 190

HUXLEY, Aldous, 123, 125, 220

idiomatismos, 33

Ievgueni Onieguin, 29, 167, 168

iídiche, 72, 204

illusions perdues, Les, 233

ILLYÉS, Gyula, 186

Importance of Being Earnest, The, 128

In Dubious Battle, 123

indústria editorial brasileira, 108-12

inglês norte-americano, 56, 59

inglês, 42-44, 46, 48-51, 53, 56, 58, 61, 64-65, 66, 73, 75, 76, 81, 85, 98, 99, 156

iniciais maiúscula e minúscula, 79-82

inocentes do Leblon, Os, 124

instruções para tradutores, 210

interlegibilidade, 47

intermediária, língua, 114, 115

interpontuação, 85

intraduzíveis, poesias, 62, 63, 162-63

inversão, 91

ironia, 135-36

italiano, 43, 47, 52, 56, 61, 68, 72, 83, 93-94, 96, 100, 163

JACOB, Max, 84

jalousie, La, 128

JAMES, Henry, 225

japonês, 72, 101, 102, 114

JARDIM JÚNIOR, David, 147

Jealousy ver jalousie, La

Jean Barois, 36

Jedermann, 60

JELENSKI, Constantin, 187

jogo de palavras *ver* trocadilho

JOYCE, James, 223

JUVENAL, 62

KAFKA, Franz, 136, 205

KAIAM, Omar, 157

KÁLNOKY, László, 176

KASSÁK, Lajos, 186

KAWABATA, Iasunari, 102

KELLER, Gottfried, 206

KELLER, Willy, 129

KELLERMANN, Bernhard, 129

KENNER, Hugh, 174

KESSEL, Joseph, 126

King's Row, 129

KIRK, Ruth, 55

KLOSSOWSKI, Pierre, 24, 149

KOESTLER, Arthur, 125

L'art poétique, 124

LA FAYETTE, 28

LA FONTAINE, 76, 79, 91, 121

la recherche du temps perdu, A 76, 137

LACERDA, Carlos, 126

Laclos, Choderlos de, 121

laconismo, 88

LAEMMERT, Eduardo, 115

LARBAUD, Valery, 42, 118

latim, 37, 42, 45, 50, 52, 87-88, 92, 95, 102, 190-91

LECONTE DE LISLE, 183

LEE, Howard, 128

LEGRAS, Jules, 24

LEHMANN, John, 27

LEMONNIER, Léo, 86

Lenda áurea, 205

letão, 204

LEVY, Hercília, 235

ligações perigosas, As, 121

LIMA, Jorge de, 60, 200

LIMA, Luís de, 45

Limbo, 125

língua-alvo, 34

língua-fonte, 33

línguas de comunicação internacional, 211

línguas, estudo das, 39, 201-2

lírio do vale, O, 225

LISBOA, Henriqueta, 159

literatura para adolescentes, 117, 208

LÍVIO, Tito, 191

livro do papagaio, O, 205

locuções, 67-68

Lolita, 168

LORCA, García, 173

LORENZ, Günther W., 124

LOTTE, Fernand, 227

Love Story, 123

lugares-comuns da civilização, 35

LUIS XIV, 222

lusíadas, Os, 119

lusitanismos, 115

LUTERO, 80

Luxúria ver *Belle de jour*

Lys dans la vallée, Le, 225

Macama, 205

Macbeth, 124

MACHADO DE ASSIS, 130

MADÁCH, Imre, 208

Mãe, A, 95

MAGALHÃES JÚNIOR, R., 13

Mahler und das Fenster, Der, 129

MAILLOT, Jean, 38, 53, 211

maiúscula, 79-82

MALLARMÉ, 104, 124

MANN, Thomas, 220

MANOLL, Michel, 184

MANZONI, 109

Mar de histórias, 45, 203-5

MARCIAL, 95, 191

MARIA ANTONIETA, 222

MARTI, José, 172
MARTIM, 180
MARTINS, Hélcio, 164
MARTINS, Wilson, 13
MASSA, Jean-Michel, 164
Mat', 95
MATHEWS, Jackson, 166
MAUGHAM, Somerset, 220
MAUPASSANT, 49, 109, 220
MAURIAC, François, 129
MAZON, André, 74
médecin malgré lui, Le, 123
megera domada, A ver *Taming of the
    Shrew, The*
MEIRELES, Cecília, 155, 163, 206
Memória assassina, 129
Memórias de um sargento de milícias,
    189, 206
ménage de garçon, Un ver *rabouilleuse,
    La*
MENDES, Manuel Odorico, 24,
    146, 147
MENDES, Oscar, 128
meninas, As, 104
menino do dedo verde, O, 126
meninos da rua Paulo, Os, 130, 208
mensagem da poesia, 156-57
Mensagem do Brasil, 201
MÉRIMÉE, 77, 78
MERLE, Robert, 78, 79
metáfora, 65-69
metafórico do amor, vocabulário,
    144

metamorfoses, As, 191
método direto, efeitos do, 37
métrica, 183, 185
MEYER, Augusto, 233
MEYER-CLASON, Curt, 27-28
Midsummer-Night's Dream, A, 123
mil e uma noites, As, 112, 216
MILLIET, Sérgio, 126
MILTON, 123
minúscula, 79-82
MIRABEL, André, 27
misanthrope, Le, 227
MITCHENER, James A., 128
mitologia greco-latina, 35, 143
Modest Proposal..., *A*, 135
Modeste mignon, 225
MODIGLIANI, 186
MOLIÈRE, 17, 76, 123, 227
MOLNÁR, Ferenc, 130, 208
MOLNOS, L., 193, 194
monossílabo, 49
monte dos vendavais, O ver *Wuthe-
    ring Heights*
MONTESQUIEU, 29
MORAES, Emanuel de, 60
MORAVIA, Alberto, 61-62
morro dos ventos uivantes, O ver
    Wuthering Heights
Mortal Coils, 125
mot à mot, 22, 204
mots pour le dire, Les, 124
MOUNIN, , 38

MOURA, Agenor Soares de, 31

MUCHNIC, Helen, 170

mulher de trinta anos, A ver *femme de trente ans, La*

mystère du carnet gris, Le, 15

NABOKOV, Vladimir, 29, 128, 167-73

Não perca o seu latim, 211

NAPOLEÃO, 222NÁSSARA, 236

nau Catrineta, A, 199

NAVA, Pedro, 104

NEISTEIN, José, 64

NERVAL, Gérard de, 90, 183

Ni tout à fait la même, ni tout à fait une autre, 124

NIDA, Eugene A., 57, 93

NIMS, John Frederick, 173

NÓBREGA, Mello, 177

NOEL, Claude, 124, 125

noite estranha, Uma, 209

nomes de cidade, 35

nomes próprios, 61-62

nomes simbólicos, 61

norueguês, 81

notas de pé de página, 120, 226

notas introdutórias, 224

nourritures terrestres, Les, 126

Nouvelle Revue de Hongrie, 195

Novo dicionário da língua portuguesa, 203

numerais, 101-2

Odisseia, A, 122, 139

Of Mice and Men, 123

olho vigilante, *O* ver *Eye, The*

OLIVET, padre, 27

On Translation, 27, 104, 169, 170

ordem das palavras, 87-88, 143

original, fidedignidade do, 111

ORNELLAS, 115

ortografia, 43, 80-81

OVÍDIO, 95, 191, 192

padrinho, O ver *Godfather, The*

PAGNOL, Marcel, 60

paix des profondeurs, La ver *Eyeless in Ghaza*

Pai Goriot, O, 226

palavras estrangeiras, 103-4

PANARESE, Luigi, 167

paráfrase, 145

parágrafos, divisão, 223

parole per dirlo, Le ver *mots pour le dire, Les*, 124

parônimos, 53

PASCAL, 189

PASCOLI, Giovanni, 192

paysans, Les, 223, 233

PEDRO II, Dom, 178

PENTÁDIO, 191

PEREIRA, Astrojildo, 207

PEREIRA, Leopoldo, 147

persa, 204, 205

Pervigilium Veneris, 192

PESSOA, Fernando, 135, 155, 167

PETÖFI, Sándor, 58, 172, 184

Phèdre ver *Fedra*

physiologie du mariage, La,
224PICASSO, 186

Piccolo mondo moderno, 80

PIHA, Maurice, 195

PLATÃO, 16, 49

poderoso chefão, O ver *Godfather,
The*

POE, Edgar Allan, 37, 220

Poem Itself, The, 166, 173

Poesias de santos, 201

POGGIOLI, Renato, 27, 28

Poil de carotte, 126

polissemia, 43-45

PONTES, Joel, 13

ponto de exclamação, 73

ponto de interrogação, 73

pontuação individual, 83

pontuação, supressão da, 83

português de Portugal, 43-44, 56,
103, 108

português do Brasil, 56, 61, 98

português para o francês, Do, 38

Possédés, Les ver *Biessi*

possessos, Os ver *Biessi*

POUND, Ezra, 119, 173-75

princesinha dengosa, A, 15

Procusto, 27

pronomes pessoais, 96-97, 100

pronomes relativos, 102-3, 143

PROPÉRCIO, 191, 192

PROUST, 76, 109, 137, 209, 223,
225

provérbios deformados, 229-31

PRUDÊNCIO, 192

PUCHKIN, 29, 95, 155, 167, 169,
183

QUEIROZ, Dinah Silveira de, 5

QUEIROZ, Rachel de, 126, 128

QUENTAL, Antero de, 199

QUINTANA, Mário, 77, 78

Quo Vadis?, 111, 116

RABOU, Charles, 223

rabouilleuse, La, 127

RACINE, 78, 99

RAMOS, Graciliano, 129

RAT, Maurice, 148

reader-analysis, 136

RECK, Michael, 26

relativo de ligação, 102-3, 143

REMU, Coronel, 101

RENARD, Jules, 126

repetição, 93-94

RESENDE, Otto Lara, 229

reticências, 84-85

revisão, 121, 204

REXROTH, Kenneth, 28

RIBEIRO, Aquilino, 24

RIEU, E.V., 139

RILKE, 37, 183, 206

rimas, 178-80, 183-84

"Rinconete e Cortadillo", 205

rípios, 145, 146

ROBBE-GRILLET, 128

Robinson Crusoé, 117

ROLLAND, Romain, 36, 168, 220

romance das vitaminas, O, 209

romance de Balzac: a pele de Onagro, Um, 236

romance do Genji, O, 112

romeiral, O ver *La grenadière*

romeno, 94

RÓNAI, Córa, 15

RÓNAI, Laura Tausz, 15

RÓNAI, Nora Tausz, 15

Ronda grotesca ver *Antic Hay*

ROSA, João Guimarães, 13, 27, 56, 84, 130, 133, 137, 196, 207-8

ROSENBLATT, Maurício, 220

ROUSSELOT, Jean, 184

rubai, 157, 158

russo, 52, 55, 58, 79, 95, 101

S/Z, 77

SÁBATO, Ernesto, 26, 129

sabichonas, As ver *femmes savantes, Les*

sáfico, verso, 186

SAINTE-BEUVE, 225

SALÚSTIO, 191

SANTOS, Agenor Soares dos, 38, 104, 121

São Bernardo, 130

Sappho to Valery, 171

Sarrasine, 77

SATO, Makio, 102

SAVORY, Theodore, 133-36

SCHILLER, 51, 76

SCOTT, Walter, 215-16

SECUNDUS, Johannes, 192

SEGAL, Erich, 67

SEGALL, Jenny Klabin, 90

Sem olhos em Gaza ver *Eyeless in Ghaza*

SENGHOR, Léopold Sédar, 126

Servidão e grandeza militares, 206

Sete lendas, 206

SEUPHOR, Michel, 186

SHAKESPEARE, 33, 76, 118, 123, 139, 140, 159, 169, 183

Shannon's Way, 129

SHATTUCK, Roger, 118

SHAW, G.B., 206

SIENKIEWICZ, Henryk, 111, 112

Silent Language, The, 73

SILVEIRA, Brenno, 38, 47

SILVEIRA, Gomes da, 231

SILVEIRA, Tasso da, 126

sinais gráficos, 73

sinônimos, 53-54

SIODMARK, C., 129

Sister Carrie, 126

SMITH, William Jay, 166
Socialismo para milionários, 206
SOLOMON, Luis B., 95-96
solteirona, A ver *vieille fille, La*
som e a fúria, O, 124
soneto, 177-80
soneto de Arvers, O, 177-80
Sonho de uma noite de verão ver *A Midsummer-night's Dream*
Source, The, 128
Splendeurs et misères des courtisanes, 233
STAËL, mme. de, 26
status social, denotativos de, 103
STEINBECK, 123
STENDHAL, 109, 220
STERNE, Lawrence, 224
sueco, 81, 94, 202
SWIFT, 135
SZABÓ, László Cs., 182

TÁCITO, 95
TAINE, 225
Taming of the Shrew, 123
tcheco, 204
Tchecoslováquia, 202
TCHECOV, 118
Tel qu'en lui-même, 124
TELLES, Lygia Fagundes, 84, 104
Território lírico, 15
testes de tradução, 210
textos de base, 182, 186, 204

THEODOR, Erwin, 38, 52
Thérèse Desqueyroux, 126
TIBERIANO, 191
TIBULO, 191, 192
Tistou les pouces verts, 126
títulos de capítulo, 224
títulos de livros, 122-31
To Have and Have not, 125
TOLSTÓI, Léon, 103, 109, 220
topônimos, 62
TÖRÖK, Sándor, 209
tradução científica e técnica, A, 211
tradução:
  "arty", 170
  a quatro mãos, 114, 115, 195-96
  científica, 19, 134
  cinematográfica, 20, 95, 130-31
  comercial, 19
  como arte, 23
  cotejo da, 116, 234
  cursos de, 38, 113
  definições da, 23-30
  em equipe, 213
  etimologia da palavra, 24
  filológica, 173
  identificadora, 24
  indireta, 112, 113-14, 204
  interlingual, 19
  intersemiótica, 20
  intralingual, 20

jornalística, 198

literal, 22

literária, 23, 107

livre, 22

mot à mot, 22, 204

naturalizadora, 24

poética, 141-49, 155-87

"revista por", 116

sociolinguística, 20

técnica, 19

tradutor:

bom-senso do, 34

colaborador do autor, 118

direitos do, 118

educação do, 30

erros de, 32

escolha do, 30

falhas do, 31

modéstia do, 190

plágios de, 115

remuneração do, 30

requisitos do bom, 30-37

tragédia do homem, A, 208

transcrição de nomes estrangeiros, 113

tratamento, 98

travessão, 74, 82

tristes, Os, 95, 191

trocadilho, 29, 49-51, 229-30

túnel, El , 129

túnel, O, 129

turco, 57, 204

Ulisses, 122

unidades expressivas, 151

unificação, 222

Ursula Mirouët, 229

UTKIN, 95

VALÉRY, Paul, 37, 92-93, 183

VALLANDRO, Leonel e Lino, 44

VALLE-INCLÁN, 84

VEGA, Lope de, 28

Vênus de Ille, A, 78

VERDIER, Joseph, 207

VERÍSSIMO, Luís Fernando, 21

VERLAINE, 124

vernáculo, importância do conhecimento do, 32

Vers L'armée de métier, 17, 129

versão, 194

VERSIANI, Ivana, 98

viagens de Guliver, As ver *Gulliver's Travel*

vida de Balzac, A, 236

Vidas secas, 129

vieille fille, La, 233

Vieux Tzigane, Le, 185

VIGNY, Alfred de, 206

Vingança pérfida ver *Mortal Coils*

VIRGÍLIO, 24, 25, 95, 133, 191

vírgula, 83

VOLTAIRE, 50, 61

Volupté, 225

VÖRÖSMARTY, Mihály, 185
VOSS, Johann Heinrich, 146

WANDRUSZKA, Mario, 67
WILDE, Oscar, 128
WILLEMSEN, August, 165
WILSON, Edmund, 171
WINTER, Werner, 26

Winter of our Discontent, The, 123
WIRL, Julius, 140
World of Translation, The, 119, 170
Wuthering Heights, 126

zéro et l'infini, Le, 125
ZOLA, Emile, 225
ZULAWSKI, Juliusz, 26

SOBRE O AUTOR

Paulo Rónai nasceu em 1907, em Budapeste, Hungria. Doutor em Filologia Latina e Neolatina, estudou na França e na Itália, antes de desembarcar no Brasil em 1941, fugindo da Segunda Guerra Mundial.

Fluente em nove idiomas, traduziu para o português mais de cem livros, com destaque para os dezessete volumes de *A comédia humana* de Balzac, que levou mais de quinze anos para concluir. Ainda em seus primeiros anos no país, constatou a dificuldade de se encontrar nas livrarias bons livros de contos de autores estrangeiros e, com a ajuda de seu amigo Aurélio Buarque de Holanda, traduziu e organizou a coletânea *Mar de histórias*, uma antologia do conto mundial, publicada em dez volumes ao longo de quatro décadas.

Na questão da profissionalização do tradutor, Paulo Rónai também foi pioneiro e, em 1974, criou a Abrates (Associação Brasileira de Tradutores).

Foi sócio do Pen Clube do Brasil e recebeu, entre outros, os prêmios Silvio Romero, da Academia Brasileira de Letras (1981), e o Nath Horst, da Federação Internacional de Tradutores, considerado o Nobel da tradução. Também foi eleito Personalidade Cultural pela União Brasileira de Escritores.

Casado com Nora Tausz Rónai, teve duas filhas, Cora e Laura. Paulo Rónai faleceu em 1992, aos 85 anos, em Nova Friburgo (RJ), no sítio Pois é, título de um de seus livros. Até hoje ele é tido como um exemplo de grande tradutor e pioneiro na luta pela profissionalização dos tradutores.

Este livro foi impresso nas oficinas da
Distribuidora Record de Serviços de Imprensa S.A.
Rua Argentina, 171 – Rio de Janeiro, RJ
para a Editora José Olympio Ltda.
em novembro de 2024

★

80º aniversário desta Casa de livros, fundada em 29.11.1931